TRÉSORS DE LA POÉSIE FRANÇAISE

Anthologie des plus beaux poèmes depuis le Moyen Âge

Présentation et choix des textes
établis par Pierre Ripert et Pierre Norma

PRÉSENTATION

Quelle meilleure façon, pour avouer son amour, pour témoigner de son émotion, pour dire sa joie ou sa mélancolie, pour confier sa tristesse, que d'en faire un poème, ou d'en offrir un à celle — ou celui — que l'on aime, ou que l'on quitte ? Les plus beaux mots d'amour, les plus grands textes ont été écrits par des poètes qui ont mis sur le parchemin ce qu'ils n'osaient dire. Pour que l'émotion reste intacte.

C'est Ronsard, le petit page devenu sourd, qui supplie, seul avec sa plume d'oie, celles dont il s'éprend de profiter de la vie ; c'est le « vieux » Corneille qui, par dépit amoureux pour une jeune actrice, joue les séducteurs blasés ; c'est Baudelaire l'incompris qui s'adresse à une passante, « ô toi que j'eusse aimée, ô toi qui le savais » ; c'est Rimbaud l'enfant trop prodige pour durer qui rêve de baisers fous, dans un wagon de train qui traverse l'hiver, c'est Musset qui sent son génie se tarir...

Chaque poème est une histoire, un morceau de vie. Les vrais poètes sont ceux qui ont su trouver, issus de leur cœur, les mots et la musique qui parlent toujours au nôtre. Ceux choisis ici sont passés dans l'immortalité. Ne figurent, dans cette anthologie, que peu de poètes du XXe siècle : leur gloire, ou leur découverte, est trop récente.

Le temps, et plusieurs générations d'admirateurs n'ont pas patiné leur renom, n'ont pas encore confirmé un art poétique souvent différent, déconcertant, même, comparé à celui, devenue tradition, de ceux qui, de Rutebeuf à Rimbaud, durant un demi-millénaire, ont élaboré la poésie française.

Comme dans les bouquets somptueux, il y en a, dans ce recueil, de toutes les couleurs. Tous les styles se côtoient, du lyrisme de Lamartine aux mélodies nostalgiques de Verlaine, du mal de vivre de Baudelaire aux fantaisies de Tristan Corbière, des envolées épiques de Musset au scepticisme souriant de Paul-Jean Toulet…

Pour présenter ces cris et ces murmures, ces larmes et ces sourires qui ont traversé le temps, nous avons opté pour l'ordre chronologique. Ce florilège, qui réunit les auteurs des programmes scolaires, mais se propose de vous en faire découvrir d'autres, présente leur vie, souvent aussi romanesque que leur œuvre. Ce n'est toutefois pas seulement une encyclopédie scolaire, mais aussi un livre du plaisir poétique.

Ces vers-là sont éternels. Comme les diamants. Ouvrez les pages de ce coffret, et regardez, entre les lignes, en scintiller les trésors : vous y trouverez calme, harmonie, beauté et réconfort.

SOMMAIRE

MOYEN ÂGE

RENAISSANCE

XVIIe SIÈCLE

XVIIIe SIÈCLE

XIXe SIÈCLE

XXe SIÈCLE

PAUL-JEAN TOULET (1867-1920)

HENRY BATAILLE (1872-1922)

ALFRED JARRY (1873-1907)

MOYEN ÂGE

LA CHANSON DE ROLAND

La Chanson de Roland, poème épique, est une des plus anciennes chansons de geste qui nous ont été conservées. Elle date du dernier tiers du XIe siècle. Son auteur est inconnu.
Ce poème, d'environ 4000 vers, repose sur un fond historique, le massacre de l'arrière-garde de Charlemagne, revenant d'une expédition guerrière en Espagne, par des tribus basques au col de Roncevaux, le 15 août 778.
Parmi les victimes de l'embuscade se trouvait Hroland, comte de la marche de Bretagne, dont, sur un plan historique, on ne sait rien, mais dont la légende a fait depuis le plus brillant héros de la chevalerie, le paladin préféré de Charlemagne, et son neveu, fiancé à la sœur de son ami Olivier, la belle Aude.

LA MORT DE ROLAND (Extrait)

- V -

Car Roland sent que la mort est proche :
Par les oreilles lui sort la cervelle.
Pour ses pairs il prie que Dieu les appelle,
Et pour lui-même implore l'ange Gabriel.
Prenant son olifan dans une main,
Et Durandal son épée ;
De plus d'une portée d'arbalète
Il s'avance vers l'Espagne.
Au sommet d'un tertre, sous deux beaux arbres
Il y a quatre blocs de marbre luisant ;
C'est là qu'il tombe à la renverse, sur l'herbe verte ;
Il s'est évanoui, la mort est proche.

- X -

Roland frappe sur une roche bise ;
Il en abat plus que je ne saurais dire ;
L'épée grince, mais ne s'ébrèche ni se brise,
Rebondissant en l'air.
Quand le comte voit qu'il ne la brisera pas,
Il la plaint bien tendrement en se parlant à lui-même :
Ah, Durandal, comme tu es bonne et sainte !
Dans ton pommeau d'or sont de nombreuses reliques,
Une dent de saint Pierre, du sang de saint Basile,
Des cheveux de monseigneur saint Denis,
Du vêtement de sainte Marie ;
Il n'est pas juste que des païens te possèdent,
C'est de chrétiens que tu dois être honorée.
Que de vastes terres avec toi j'aurais conquises,
Que tient Charles, qui a la barbe fleurie !
L'empereur est puissant et riche.
Ne soit jamais l'épée d'un couard !
Que Dieu ne permette pas à la France telle honte !

- XI -

Roland sent que la mort l'entreprend,
Et dans la tête et le cœur lui descend.
Dessous un pin il va courant
Et sur l'herbe verte s'allonge,
Plaçant sous lui épée et olifan,
Et regardant vers la grande Espagne ;
Ainsi fait-il parce qu'il veut que Charlemagne
Et tous ses soldats de son armée
Disent que le noble comte est mort en conquérant.

Il bat sa coulpe de tous ses péchés,
Et pour leur rémission, offre à Dieu son gant.

- XIII -

Le comte Roland est couché sous un pin,
Il s'est tourné vers l'Espagne.
De tant de choses il se souvient :
Des terres conquises pour douce France,
De ceux de son lignage,
De Charlemagne, son seigneur qui l'éleva,
Et des Français dont il est si aimé.
Ne peut s'empêcher de pleurer et de soupirer.
Mais il ne veut pas se mettre en oubli ;
Il bat sa coulpe, implore de Dieu merci.
« Vrai Dieu, qui jamais ne mentis
Qui a ressuscité saint Lazare d'entre les morts,
Qui a préservé Daniel des lions,
Préserve mon âme de tous les périls
Pour les péchés que j'ai fait en ma vie.»
Il offre son gant droit à Dieu,
Et saint Gabriel le prend de sa main.
La tête inclinée sur son épaule,
Les mains jointes, il expira.
Dieu lui envoya son ange chérubin
Et saint Michel du Péril en mer ;
Saint Gabriel vint
aussi,
Pour emporter l'âme
du comte en Paradis.

RUTEBEUF (1230 ? -1285 ?)

De la vie de l'un des premiers, – et plus grands – poètes français, on ne connaît ce qu'il a bien voulu en dire, et ce que l'on en a retrouvé.
Après des études qui n'assurèrent pas son avenir, Rutebeuf, sans doute Champenois d'origine, réussit à survivre comme jongleur et trouvère, et en étant le poète favori des grands seigneurs sous le règne de Saint Louis. Il chante les grands événements de son temps, se moque des moines comme des bourgeois, mais reste surtout célèbre pour la sincérité avec laquelle il décrit ses soucis domestiques.
Marié deux fois, accablé d'enfants, il ne cesse de se battre contre la pauvreté, commentant, précurseur de Villon et de Verlaine, sa misère avec un humour pathétique.

QUE SONT MES AMIS DEVENUS...

Les maux ne savent seuls venir ;
Tout ce qui m'était à venir
M'est advenu.
Que sont mes amis devenus
Que j'avais de si près tenus
Et tant aimés ?
Je crois qu'ils sont trop clairsemés
Ils ne furent pas bien semés
Ils m'ont failli.
De tels amis m'ont bien trahi
Lorsque Dieu m'a assailli
De tous côtés.
N'en vit un seul en mon logis
Le vent je crois, me les a pris,
L'amour est morte.
Ce sont amis que vent emporte,
Et il ventait devant ma porte
Les emporta.

LE DIT DES BÉGUINES

En tout ce que béguine dit
N'entendait que du bon ;
Tout n'est que religion
Dans ce qui fait sa vie.

Sa parole est prophétie ;
Si elle rit, c'est compagnie [1]
Si elle pleure, dévotion,
Si elle dort, elle est ravie [2]
Si elle songe, c'est vision
Si elle ment, n'en croyez mie [3]

Si béguine se marie,
C'est par conversation [4] :
Son vœu, sa profession
Ne sont pas toute sa vie.
Une année elle pleure, l'autre elle prie,
Une autre prendra baron[5].
Tantôt c'est Marthe, tantôt c'est Marie ;
Tantôt elle prie, tantôt se marie ;
Mais n'en dites rien
Le roi [6] ne souffrirait mie [7].

[1] : *compagnie* a ici le sens de « savoir-vivre».
[2] : *ravie* a ici le sens de « en extase».
[3] : *mie* a ici le sens de « rien».
[4] : *conversation* a ici le sens de « sociabilité».
[5] : *baron* a ici le sens de « mari».
[6] : Louis IX, futur saint Louis, protecteur de ordres religieux. Les béguines vivaient certes en communauté religieuse, mais sans avoir renoncé au monde. Leurs vœux étaient temporaires.
[7] : *mie* a ici le sens de « pas ».

JEAN DE BRIENNE (1144 ? -1237 ?)

Appartenant à la vieille famille des comtes de Brienne, vassaux des comtes de Champagne, Jean de Brienne hésite entre l'Église et la carrière militaire. Il choisit la seconde, s'illustre lors de la conquête du royaume de Naples et épouse Marie de Montferrat, héritière du royaume de Jérusalem. Roi de 1210 à 1225, Jean de Brienne avec le roi de Hongrie, organise la cinquième croisade afin de rentrer en possession de son royaume, qui lui a été enlevé par son gendre, l'empereur Frédéric II d'Allemagne.
Élu par les barons empereur-régent de Constantinople, de 1231 à sa mort, il s'illustre en repoussant les attaques des Grecs et des Bulgares. Ce lettré, manieur de glaive, très pieux, mort octogénaire, est aussi l'auteur de pastourelles.
La Pastourelle était une chanson dans laquelle le poète, généralement un chevalier, rencontre une bergère dans la campagne.

PASTOURELLE

Par dessous l'ombre d'un bois,
Trouve pastoure à mon choix ;
Contre l'hiver bien garnie
Une fillette [1] aux crins blois [2].
Quand la vois sans compagnie
Vers elle mon chemin va. Aé !

N'ayant pour tous compagnons
Que son chien et son bâton ;
Sous le froid en sa chapete [3]
Ell' se tient sous un buisson
Et sur sa flûte regrette
Garinet et Robeçon [4]. Aé !

Devant elle soudainement
De mon cheval je descends,
Et lui dis : « Pastore amie,
De bon cœur à vous me rend ;
Faisons de feuilles courtine,
Pour s'aimer mignotement.» Aé !

« Sir' retirez-vous de là,
Car j'ai déjà ouï cela.
Ne suis pas abandonnée
A celui qui dit « Viens ça.»
Malgré votr' sell' dorée
Garinet rien ne perdra.»

«Pastorelle, s'il t'est bel [5]
Dame seras d'un chastel
Défuble [6] chape grisette,
Et mets de vair ce mantel.
Si sembleras la rosette [7]
Qui s'épanouit nouvel. Aé !

« Sire, c'est un grand covent [8]
Mais bien fol' celle qui prend
D'étranger en tel' manière
Mantel vair en garniment [9]
Et se rend à sa prière
Sans que rien ne lui consent.» Aé !

« Pastorelle, par ma foi,
C'est belle que je te vois ;
Sage dame, noble et fière,
Ainsi ferai-je de toi.
Laisse l'amour garçonnière [10]
Et tu seras toute à moi.» Aé !

« Sire, je vous en supplie :
Mon cœur n'est pas si failli [11] ;
J'aime mieux pauvre desserte
Sous feuillée, et mon ami,
Que dame en chambre couverte,
Où n'aura cure de mi [12]. » Aé !

[1] : *tosete*, dans le texte original. [2] : blonds. [3] : cape.
[4] : diminutifs des noms traditionnels de bergers *(Garin* et *Robert)*, dans les pastourelles. [5] : s'il te plaît
[6] : enlève. [7] : « tu ressembleras à la rose».
[8] : *covent* : promesse. [9] : manteau fourré de vair.
[10] : *garçonnière* : des garçons.
[11] : *failli* : tombé si bas. S'employait aussi au sens de fainéant, ou lâche.
[12] : Où l'on ne fera aucun cas de moi.
Adaptation : Pierre Ripert

EUSTACHE DESCHAMPS (1346-1406)

Champenois d'origine, Eustache Deschamps, dit Morel, fut un poète prolixe (plus de 1450 ballades, rondeaux...) et original. Allant du pamphlet anti-mariage à ses souvenirs, (sa vie mouvementée fut sa première source d'inspiration), son œuvre est estimée à environ quatre-vingt-mille vers.
Diplomate protégé par les ducs d'Orléans, il parcourut l'Europe pour les rois de France et fut, notamment, prisonnier des Maures. Il est aussi l'un des premiers poètes, en une époque où la France était morcelée, à se préoccuper du sort de sa « patrie ».

VIRELAI : SUIS-JE, SUIS-JE, SUIS-JE BELLE ?

Suis-je, Suis-je, Suis-je belle ?
Il me semble à mon avis,
Que j'ai beau front et doux vis
Et la bouche vermeillette :
Dites-moi que je suis belle.

J'ai verts yeux, petits sourcils,
Le chef blond, le nez traitis,
Rond menton, blanche gorgette :
Suis-je, Suis-je, Suis-je belle ?

J'ai seins durs et haut assis,
Longs bras, grêles doigts aussi,
Et, par le faulx, je suis grêlette :
Dites-moi que je suis belle.

J'ai de bons reins, ce m'est vis,
Bon dos, bon cul de Paris,
Cuisses et jambes bien faites :
Suis-je, Suis-je, Suis-je belle ?

J'ai pieds rondets et petits,
Bien chaussants et beaux habits,
Je suis gaie et foliette :
Dites-moi que je suis belle.

J'ai manteaux fourrés de gris,
J'ai chapeaux, j'ai beaux profits,
Et d'argent mainte épinglette :
Suis-je, Suis-je, Suis-je belle ?

J'ai draps de soie et tabis,
J'ai draps d'or et blancs et bis,
J'ai mainte bonne chosette :
Dites-moi que je suis belle.

Que quinze ans n'ai, je vous dis,
Moult est mon trésor joli,
J'en garderai la clavette :
Suis-je, Suis-je, Suis-je belle ?

Bien devra être hardi
Cil qui sera mon ami,
Qui aura telle demoiselle :
Dites-moi que je suis belle.

Et par Dieu je lui plévis
Que très loyale, si je vis,
Lui serai, si ne chancelle :
Suis-je, Suis-je, Suis-je belle ?

Si courtois est et gentil,
Vaillant, adroit, bien appris,
Il gagnera sa querelle :
Dites-moi que je suis belle.

C'est un mondain paradis
Que d'avoir dame toudis
Ainsi fraîche, ainsi nouvelle :
Suis-je, Suis-je, Suis-je belle ?

Entre vous acouardis
Pensez à ce que je dois.
Ci finit ma chansonnette :
Suis-je, Suis-je, Suis-je belle ?

TOUS CŒURS TRISTES...

Tous cœurs tristes, douloureux,
Amoureux,
Langoureux,
Mettez-vous sous ma bannière
Et allons cueillir bruyère
Car Mai ne m'est pas joyeux.

CHRISTINE DE PISAN (1363 ? -1431)

Née à Venise vers 1363, Christine de Pisan vient en France à l'âge de 3 ans pour être élevée à la cour du roi Charles V le Sage : son père est devenu l'astrologue, puis le conseiller du roi. A 15 ans, elle épouse un gentilhomme picard, Pierre de Castel. Veuve dix ans plus tard, elle se consacre à ses trois enfants. La mort de son mari l'a laissée dans une situation précaire.

*Pour tromper son chagrin, elle écrit de nombreuses poésies légères (ballades, rondeaux, lais, virelais, complaintes amoureuses), ainsi que des poésies plus longues et des ouvrages en prose (*Livre des faits et bonnes mœurs du roi Charles V*).*

Devenue célèbre, elle est si appréciée que le roi Henri V d'Angleterre lui propose d'intégrer sa cour. Elle refuse, trop attachée à la France. Quand les Anglais envahissent Paris en 1418, la poétesse part s'enfermer dans un monastère des environs et observe désormais un silence de mort. On pense qu'elle s'est réfugiée dans le monastère de Poissy où sa fille était religieuse.

Durant onze ans plus personne n'entend parler de celle qui s'abstient d'écrire le moindre vers. Elle ne sort de son silence qu'en apprenant l'existence de Jeanne d'Arc et de ses premiers exploits contre les Anglais. Sa fibre poétique se réveille alors brusquement et elle écrit dans l'exaltation des récentes victoires cinquante-six strophes d'un long poème sur la Pucelle.

Ce sont les premiers et les seuls vers écrits sur Jeanne de son vivant. Ils reflètent le sentiment général ressenti par tous les fidèles du roi Charles VII devant la Pucelle : l'émerveillement et la joie le disputent à l'espoir revenu.

Elle meurt en 1431, la même année que son héroïne.

MOI, CHRISTINE, QUI AI PLEURÉ

Moi, Christine, qui ai pleuré
Onze ans en abbaye fermée,
Ou j'ai toujours demeuré depuis
Que Charles (c'est chose étrange !)
Le fils du roi, si j'ose rappeler ce souvenir,
S'enfuit de Paris, tout droit,
Par suite de la trahison là incluse :
Maintenant pour la première fois je me prends à rire.

L'an mil quatre cent vingt neuf
Recommença à luire le soleil ;
Il ramène le temps nouveau
Qu'on n'avait pas vu de l'œil
Depuis longtemps ; dont plusieurs en deuil
Ont vécu. Je suis de ceux-là ;
Mais de rien je ne me chagrine plus,
Puisque maintenant je vois ce que je veux.

Qui vit donc chose advenir
Plus hors de toute atteinte,
Laquelle à noter et de laquelle se souvenir
Est bon en toute région :
C'est à savoir que France, de qui discours,
On faisait qu'à terre était renversée,
Soit par divine mission,
Du mal en si grand bien changée ?

Et cela par tel miracle vraiment
Que, si la chose n'était notoire
Et évidents le fait et la manière,
Il n'est homme qui pût le croire :
C'est une chose bien digne de mémoire
Que Dieu par une vierge tendre
Ait précisément voulu (c'est une chose vraie)
Sur la France si grande grâce étendre.

O ! quel honneur à la couronne
De France se voit par divine preuve !
C'est par les grâces qu'il lui donne
Il paraît combien Dieu l'approuve
Et que plus de foi d'autre part il trouve
En la maison royale, dont je lis
Que jamais (ce n'est pas une chose nouvelle)
En la foi errèrent les fleurs de lis.

Toi, Jeanne, à une bonne heure née,
Béni soit celui qui te créa !
Pucelle de Dieu envoyée
En qui le Saint Esprit fit rayonner
Sa grande grâce ; et qui eus et as
Toute largesse en son haut don,
Jamais ta requête ne te refusa
Et il te donnera assez grande récompense (...)

Et sa belle vie, par ma foi !
Montre qu'elle est en la grâce de Dieu,
C'est pourquoi on ajoute plus de foi
A son fait ; car, quoi qu'elle fasse,
Toujours à Dieu devant la face,
Qu'elle invoque, sert et prie
En actions, en paroles ; en quelque endroit qu'elle aille,
Elle ne retarde pas ses dévotions.

O ! comme alors cela bien parut
Quand le siège était à Orléans,
Où en premier lieu sa force apparut !
Jamais miracle, ainsi que je pense,
Ne fut plus clair ; car Dieu aux siens
Vint tellement en aide, que les ennemis
ne se défendirent pas plus que chiens morts.
Là furent pris ou à mort mis.

Hé ! quel honneur au féminin
Sexe ! Que Dieu l'aime il paraît bien,
Quand tout ce grand peuple misérable comme chiens
Par qui tout le royaume était déserté
Par une femme est ressuscité et a recouvré ses forces,
Ce que hommes n'eussent pas fait,
Et les traîtres ont été traités selon leur mérite,
A peine auparavant l'auraient-ils cru.

Une fillette de seize ans
(N'est-ce pas une chose au-dessus de la nature ?)
A qui les armes ne sont pesantes,
Mais il semble que son éducation
Ait été faite à cela, tant elle y est forte et dure ;
Et devant elle vont fuyant
Les ennemis, et nul n'y résiste.
Elle fait cela, maint yeux le voyant.

Et elle va d'eux débarrassant la France,
En recouvrant châteaux et villes,
Jamais force ne fut si grande,
Qu'ils soient par centaines ou par milliers. (...)

Jeanne d'Arc, dessinée lors de son procès par un greffier de Rouen

SEULETTE SUIS, SANS AMI DEMEURÉE (Ballade)

Seulette suis et seulette veux être,
Seulette m'a mon doux ami laissée.
Seulette suis, sans compagnon ni maître,
Seulette suis, dolente et courroucée,
Seulette suis, en langueur malaisée,
Seulette suis, plus que nulle égarée,
Seulette suis, sans ami demeurée.

Seulette suis à huis ou à fenêtre,
Seulette suis en un anglet muciée,
Seulette suis pour moi de pleurs repaître,
Seulette suis, dolente ou apaisée,
Seulette suis, rien qui tant messiée,
Seulette suis, en ma chambre enserrée,
Seulette suis, sans ami demeurée.

Seulette suis partout et en tout aître,
Seulette suis, que je marche ou je siée,
Seulette suis, plus qu'autre rien terrestre,
Seulette suis, de chacun délaissée,
Seulette suis, durement abaissée,
Seulette suis, souvent toute éplorée,
Seulette suis, sans ami demeurée.

Princes, or est ma douleur commencée :
Seulette suis, de tout deuil menacée,
Seulette suis, plus teinte que morée,
Seulette suis, sans ami demeurée.

QU'A PEINE LE PUIS ÉCONDUIRE (Ballade)

Tant me prie très doucement
Celui qui moult bien le sait faire,
Tant a plaisant contentement,
Tant a beau corps et doux viaire [1]
Tant est courtois et débonnaire,
Tant de grands biens oy [2] de lui dire
Qu'à peine le puis escondire [3].

Il me dit si courtoisement,
En grand doubtance [4] de méfaire,
Comment il m'aime loyalement,
Et de dire ne se peut taire
Que néant serait du retraire [5],
Et puis si doucement soupire
Qu'à peine le puis escondire.

Si suis en moult grand pensement
Que je ferai de cette affaire ;
Car son plaisant gouvernement,
Veuille ou non, Amours me fait plaire,
Et si ne le veux mie attraire ;
Mais mon cœur vers lui si fort tire
Qu'à peine le puis escondire.

[1] : *viaire*, visage. [2] : j'entends. [3] : éconduire.
[4] : crainte. [5] ne peut se répéter

CHARLES D'ORLÉANS (1391-1465)

Neveu de Charles VI, Charles d'Orléans apprend la poésie italienne avec sa mère, Valentine de Milan. Jeune chef du parti armagnac, il se bat contre Jean sans Peur, duc de Bourgogne. Sa première femme meurt en couches. Il se remarie avec la fille du duc d'Armagnac mais le mauvais sort poursuit ce prince-poète.
A la bataille d'Azincourt, en 1415, il est fait prisonnier par les Anglais et reste vingt-cinq ans enfermé à la Tour de Londres où, pour tromper son ennui, il s'adonne à une poésie inspirée par l'amour courtois, mais teintée de la mélancolie de l'exil.
A sa libération, il essaie vainement de faire valoir ses droits sur le duché de Milan, puis, dans son château de Blois, vit ses dernières années en protégeant poètes et artistes. Marie de Clèves, sa troisième épouse, lui donne en 1462 un fils, qui sera roi de France : Louis XII.

LE TEMPS A LAISSÉ SON MANTEAU... (Rondeau)

Le temps a laissé son manteau
De vent, de froidure et de pluie,
Et s'est vêtu de broderie,
De soleil luisant, clair et beau.

Il n'y a bête ni oiseau
Qu'en son jargon ne chante ou crie :
« Le temps a laissé son manteau !
De vent, de froidure et de pluie,»

Rivière, fontaine et ruisseau
Portent, en livrée jolie,
Gouttes d'argent, d'orfèvrerie;
Chacun s'habille de nouveau.

Le temps a laissé son manteau
De vent, de froidure et de pluie,
Et s'est vêtu de broderie,
De soleil luisant, clair et beau.

MA SEULE AMOUR

Ma seule amour, ma joie et ma Maîtresse,
Puisqu'il me faut loin de vous demeurer,
Je n'ai plus rien, à me réconforter,
Qu'un souvenir pour retenir liesse.

En allégeant par Espoir ma détresse,
Me conviendra le temps ainsi passer,
Ma seule amour, ma joie et ma Maîtresse,
Puisqu'il me faut loin de vous demeurer.

Car mon cœur las, bien garni de tristesse,
S'en est voulu avecques vous aller,
Et ne pourrai jamais le recouvrer
Jusques verrai votre belle jeunesse,
Ma seule amour, ma joie et ma Maîtresse.

FRANÇOIS VILLON (1431-1465 ?)

Né dans une famille pauvre, François de Montcorbier fut éduqué par le chanoine Villon, dont il prit le nom. Maître ès arts à vingt ans, il ne poursuivit pas ses études et devint quelques temps copiste tout en continuant une vie d'étudiant débauché, fréquentant les tavernes et faisant le coup de poing contre les soldats du guet. Le 5 juin 1455, au cours d'une rixe, il assassina un prêtre, peut-être rival amoureux.

Il s'enfuit, obtint son pardon, revint à Paris et à ses mauvaises fréquentations. La nuit de Noël 1456, il participa à un vol au collège de Navarre. Sur les bords de Loire, où il s'était enfui, on le vit tantôt à la Cour de Charles d'Orléans, tantôt vivre de rapines avec les derniers coquillards, bandits des grands chemins et derniers mercenaires de la guerre de Cent ans traqués par les soldats du roi.

Emprisonné à Orléans en 1460, remprisonné à Meung-sur-Loire l'année suivante, amnistié par Louis XI qui venait d'accéder au pouvoir, il retrouva Paris et ses tripots, vivant aux crochets des filles, Catherine, et la Grosse Margot, avant de se retrouver enfermé au Châtelet en 1462 pour avoir molesté un bourgeois.

Récidiviste, il risquait la pendaison. Ses deux complices furent effectivement pendus à Montfaucon. François Villon, lui, fut condamné au bannissement en janvier 1463.

On perd alors sa trace. Le mauvais garçon de la poésie française venait d'entrer dans sa légende. En 1489, un libraire parisien édita un recueil – sans doute posthume – de ses poèmes ; en 1533, Clément Marot en fit une édition améliorée puis Villon tomba dans l'oubli jusqu'au XIXe siècle qui le redécouvrit.

BALLADE DES DAMES DU TEMPS JADIS

Dites-moi où, n'en quel pays,
Est Flora la belle Romaine,
Archipiades, ni Thaïs,
Qui fut sa cousine germaine ;
Écho parlant quand bruit on mène
Dessus rivière ou sus étang,
Qui beauté eut trop plus qu'humaine
Mais où sont les neiges d'antan ?

Où est la très sage Héloïs,
Pour qui fut châtré et puis moine
Pierre Abélard à Saint-Denis ?
Pour son amour eut cette essoyne.
Semblablement, où est la royne
Qui commanda que Buridan
Fut jeté en un sac en Seine ?
Mais où sont les neiges d'antan ?

La reine Blanche comme lis
Qui chantait à voix de sirène,
Berthe au grand pied, Bietris, Alis,
Et Jehanne la bonne Lorraine
Qu'Anglois brûlèrent à Rouen ;
Où sont-ils, Vierge souveraine ?
Mais où sont les neiges d'antan ?
Prince n'enquérez de semaine
Où elles sont, ni de cet an,
Qu'à ce refrain ne vous remaine :
Mais où sont les neiges d'antan.

BALLADE DES PENDUS

Frères humains qui après nous vivez,
N'ayez les cœurs contre nous endurcis,
Car, si pitié de nous pauvres avez,
Dieu en aura plus tôt de vous merci.
Vous nous voyez ci attachés cinq, six :
Quant de la chair, que trop avons nourrie,
Elle est piéça dévorée et pourrie,
Et nous, les os, devenons cendre et poudre.
De notre mal personne ne s'en rie ;
Mais priez Dieu que tous nous veuille absoudre !

Se vous clamons frères pas n'en devez
Avoir desdain, quoi que fûmes occis
Par justice. Toutefois, vous savez
Que tous hommes n'ont pas bon sens assis ;
Excusez-nous, puis que sommes transis
Envers le fils de la Vierge Marie,
Que sa grâce ne soit pour nous tarie,
Nous préservant de l'infernale foudre.
Nous sommes morts, âme ne nous harie ;
Mais priez Dieu que tous nous veuille absoudre !

La pluie nous a débués et lavés,
Et le soleil desséchés et noircis ;
Pies, corbeaux, nous ont les yeux cavés,
Et arraché la barbe et les sourcils.
Jamais nul temps nous ne sommes assis ;
Puis ça, puis là, comme le vent varie,
A son plaisir sans cesser nous charrie,
Plus becquetés d'oiseaux que dés à coudre.
Ne soyez donc de notre confrérie ;
Mais priez Dieu que tous nous veuille absoudre !

Prince Jésus, qui sur tous a seigneurerie
Garde qu'Enfer n'ait de nous la maistrie
A lui n'ayons que faire que de souldre.
Hommes, ici n'a point de moquerie ;
Mais priez Dieu que tous nous veuille absoudre !

JE PLAINS LE TEMPS DE MA JEUNESSE.

(Extraits du « Testament»)

Je plains le temps de ma jeunesse,
Auquel j'ai plus qu'autre gallé
Jusqu'à l'entrée de vieillesse
Qui son partement m'a celé.
Il ne s'en est à pied allé
N'a cheval : hélas ! comment donc ?
Soudainement s'en est vollé
Et ne m'a laissé quelque don.

Hé ! Dieu, si j'eusse étudié
Au temps de ma jeunesse folle,
Et à bonnes mœurs dédié,
J'eusse maison et couche molle.
Mais quoi ? Je fuyais l'école,
Comme fait le mauvais enfant.
En écrivant cette parole
A peu le cœur ne me fend…

Où sont les gracieux galants
Que je suivais au temps jadis,
Si bien chantant, si bien parlant,
Si plaisants en faits et en dits ?
Les aucuns sont morts et raidis,
D'eux n'est-il plus rien maintenant :
Repos ils aient en paradis,
Et Dieu sauve le remenant !

François Villon, tel qu'il est représenté sur l'édition, en 1490, de ses poèmes

DERNIÈRE BALLADE

Ici se clôt le testament
Et finit le pauvre Villon.
Venez à son enterrement,
Quand vous oirez le carillon,
Vêtus rouge avec vermillon,
Car en amour mourut martyr :
Ce jura-t-il sur son couillon
Quand de ce monde voulut partir.

Et je crois bien que pas ne ment
Car chassé fut comme un souillon
De ses amours haineusement ;
Tant que, d'ici à Roussillon,
Brosse n'y a ni brossillon,
Qui n'eût, ce dit-il sans mentir,
Un lambeau de son cotillon
Quand de ce monde voulut partir.

Il est ainsi et tellement,
Quand mourut n'avait qu'un haillon ;
Qui plus, en mourant, malement,
Le poignait d'amour l'aiguillon ;
Plus aiguë que le ranguillon
D'un baudrier lui faisait sentir
(C'est de quoi nous émerveillons)
Quand de ce monde voulut partir.

Prince, gent comme émerillon,
Sachez qu'il fit au départir :
Un trait but de vin morillon,
Quand de ce monde voulut partir.

RENAISSANCE

MELIN DE SAINT-GELAIS (1491-1558)

Disciple de Marot, Mellin (ou Melin) de Saint-Gelais séjourna en Italie et fut l'un des premiers à en introduire la poésie en France. Il fut l'un des précurseurs du sonnet.
Poète adulé de la cour de Fontainebleau, sous François 1er, puis aumônier et bibliothécaire d'Henri II, et finalement évêque d'Angoulême, il prit ombrage de la gloire naissante de Ronsard, et ridiculisa ses premières œuvres lyriques, d'ailleurs pompeuses, avant de se réconcilier avec lui et les membres de la Pléiade.

PAR L'AMPLE MER...

Par l'ample mer, loin des ports et arènes
S'en vont nageant les lascives sirènes
En déployant leurs chevelures blondes,
Et de leurs voix plaisantes et sereines.
Les plus hauts mâts et plus basses carènes
Font arrêter aux plus mobiles ondes
Et souvent perdre en tempêtes profondes;
Ainsi la vie à nous si délectable,
Comme sirène affectée et muable,
En ses douceurs nous enveloppe et plonge,
Tant que la Mort rompe aviron et câble,
Et puis de nous ne reste qu'une fable,
Un moins que vent, ombre, fumée et songe.

QUAND LE PRINTEMPS

Quand le Printemps commence à revenir,
Retournant l'an en sa première enfance,
Un doux penser entre en mon souvenir
Du temps heureux que ma jeune ignorance
Cueillit les fleurs de sa verte espérance.

Puis, quand le ciel ramène les longs jours
Du chaud Été, j'aperçois que toujours
Avec le temps s'allume le désir
Qui seulement ne me donne loisir
D'aviser l'ombre et mes passés séjours.

Puis, quand Automne apporte le plaisir
De ses doux fruits, hélas, c'est la saison
Où de pleurer j'ai le plus de raison,
Car mes labeurs ne l'ont jamais connue :
Mais seulement, en ma triste prison,
L'Hiver extrême ou l'Été continue.

FRANÇOIS 1er (1494-1547)

Le vainqueur de la bataille de Marignan fut aussi un grand défenseur des lettres françaises. Ce fut lui qui, par l'ordonnance de Villers-Cotterêts, en 1539, substitua le français au latin dans les actes officiels. Ce fut lui qui fonda le Collège de France, et l'Imprimerie royale, qui encouragea les travaux des traducteurs et des humanistes, et qui protégea les écrivains jusqu'à leur fournir des subsides. Le poète Marot ne put survivre que grâce à sa générosité.
Ce mécène éclairé écrivit lui-même des chansons et des poèmes, dans la tradition de Pétrarque. François Ier fut un authentique homme de la Renaissance, capable de manier la plume d'oie aussi bien que l'épée.

LES BELLES AMOURETTES

Où êtes-vous allées, mes belles amourettes ?
Changerez-vous de lieu tous les jours ?

A qui dirai-je mon tourment,
Mon tourment et ma peine ?
Rien ne répond à ma voix,
Les arbres sont secrets, muets et sourds.
Où êtes-vous allées, mes belles amourettes ?
Changerez-vous de lieu tous les jours ?

Ah ! puisque le ciel veut ainsi
Que mon mal je regrette,
Je m'en irai dedans les bois
Conter mes amoureux discours,
Où êtes-vous allées, mes belles amourettes ?
Changerez-vous de lieu tous les jours ?

MAURICE SCEVE (1501 ?-1563 ?)

LE JOUR PASSE DE TA DOUCE PRÉSENCE...

Le jour passé de ta douce présence
Fut un serein en hiver ténébreux,
Qui fait prouver la nuit de ton absence
A l'œil de l'âme être un temps plus ombreux
Que n'est au Corps ce mien vivre encombreux...
Qui maintenant me fait de soi refus,
Car dès le point, que partie tu fus,
Comme le lièvre accroupi en son gîte,
Je tends l'oreille, oyant un bruit confus,
Tout éperdu aux ténèbres d'Égypte.

Issu, comme Louise Labé, dont il sera l'un des amis, d'une riche famille lyonnaise, Maurice Scève peut voyager et s'adonner à la poésie sans soucis financiers. Après des études en Italie, il croit découvrir, en Avignon, le tombeau de la Laure de Pétrarque, puis devient l'amant de la jeune poétesse Pernette du Guillet.
Elle a seize ans, lui le double.
Elle meurt dix ans plus tard. Pendant trois ans, il se retire dans la solitude, puis, son chagrin surmonté, revient à Lyon, où il fait figure de poète officiel jusque vers 1560. Sa trace se perd ensuite. Tombé dans l'oubli, il n'est redécouvert que vers 1920.

PERNETTE DU GUILLET (1520-1545)

Non que je veuille ôter la liberté
A qui est né pour être sur moi maître ;
Non que je veuille abuser de fierté
Qui à lui humble et à tous je devrais être ;
Non que je veuille à dextre et à senestre
Le gouverner et faire à mon plaisir :
Mais je voudrais pour nos deux cœurs repaître
Que son vouloir fût joint à mon désir.

CLÉMENT MAROT (1496-1544)

Fils d'un poète qui fait les guerres d'Italie avec Louis XII, Clément Marot commence à versifier en traduisant Virgile. Attaché à Marguerite d'Angoulême, sœur du roi François Ier, il vit à la Cour.
L'une de ses maîtresses, par jalousie, l'accuse d'avoir mangé du lard en Carême. Marot est aussitôt emprisonné, et de son expérience carcérale, fait des poèmes vengeurs que les juges, rancuniers, n'oublieront pas. Ne l'accuse-t-on pas, l'année suivante, d'avoir voulu faire évader un prisonnier ?
François 1er, qui l'apprécie, l'attache à sa maison. Marot, devenu poète officiel entreprend la traduction des ***Métamorphoses*** *d'Ovide, chante les grands événements de la couronne, et traduit en vers ses misères financières. Ses sentiments parpaillots – il fréquente toujours l'entourage de Marguerite d'Angoulême, devenue reine de Navarre et protectrice des premiers réformés – lui valent un premier exil en Italie. Il se justifie en vers, fait appel à la clémence royale.*
François Ier et sa sœur cèdent. Leur poète prodigue est de retour. Bien qu'ayant abjuré le protestantisme, il est de nouveau dénoncé comme hérétique par un rimailleur jaloux. Il doit de nouveau s'enfuir, en Suisse cette fois.
A Genève où règne Calvin, qui ne peut que s'offusquer de la conduite scandaleuse de cet incorrigible Gaulois. Clément Marot, poète romantique né trois bons siècles trop tôt, doit reprendre la route de l'exil italien. A Turin, il attend, en vain, le pardon de François 1er, et en meurt, en 1544.
La postérité a redécouvert ce bon vivant sensible et plein de verve, aussi naïf qu'ingénieux, grâce auquel la poésie sortit du médiéval, et dont Ronsard s'inspira, après l'avoir méprisé.

DE CELUI QUI NE PENSE QU'EN S'AMIE

Toutes les nuits je ne pense qu'en celle
Qui a le corps plus gent qu'une pucelle
De quatorze ans, sur le point d'enrager :
Et au dedans un cœur, pour abréger,
Autant joyeux qu'eut oncques damoiselle.
Elle a beau teint, un parler de bon zèle,
Et le tétin rond comme une grozelle ;
N'ai-je donc pas bien cause de songer
Toutes les nuits ?

Touchant mon cœur, je l'ai en ma cordelle,
Et son mari n'a sinon le corps d'elle.
Mais toutefois, quand il voudra changer,
Prenne le cœur ; et, pour le soulager,
J'aurai pour moi le gent corps de la belle
Toutes les nuits.

DE L'AMOUREUX ARDENT

Au feu qui mon cœur a choisi
Jetez-y, ma seule Déesse,
De l'eau de grâce et de liesse,
Car il est consumé quasi.

Amour l'a de si près saisi,
Que force est qu'il crie sans cesse
Au feu.

Si par vous en est dessaisi,
Amour lui doit plus grand'détresse
Si jamais sert autre maîtresse ;
Doncques, ma dame, courez-y
Au feu.

Clément Marot

SUR LE PRINTEMPS DE MA JEUNESSE FOLLE...

Sur le printemps de ma jeunesse folle,
Je ressemblais l'hirondelle qui vole,
Puis ça, puis là ; l'âge me conduisait
Sans peur ni soin où le cœur me disait.
En la forêt (sans la crainte des loups)
Je m'en allais souvent cueillir le houx,
Pour faire glu à prendre oiseaux ramages
Tous différents de chants et de plumages ;
Ou me soulois pour les prendre entremettre
A faire brics ou cages pour les mettre ;
Ou transnouais les rivières profondes,
Ou renforçais, sur le genou les frondes.
Puis d'en tirer droit et loin j'apprenais
Pour chasser loups ou abattre des noix.

Ô quantes fois aux arbres grimpé j'ai,
Pour dénicher ou la pie ou le geai,
Ou pour jeter des fruits jà mûrs et beaux
A mes compaings, qui tendaient leurs chapeaux.

Plus ne suis ce que j'ai été
Et ne saurais plus jamais l'être.
Mon beau printemps et mon été
Ont fait le saut par la fenêtre.
Amour, tu as été mon maître,
Je t'ai servi sur tous les Dieux.
Ah... si je pouvais deux fois naître,
Comme je te servirais mieux.

J'AIME LE CŒUR DE M'AMIE...

J'aime le cœur de m'amie,
Sa bonté et sa douceur.
Je l'aime sans infamie,
Et comme un frère la sœur.
Amitié démesurée
N'est jamais bien assurée
Et met les cœurs en tourment :
Je veux aimer autrement.

Ma mignonne débonnaire
Ceux qui font tant de clamours
Ne tâchent qu'à eux complaire
Plus qu'à leurs belles amours.
Laissons-les en leur folie
Et en leur mélancolie.
Leur amitié cessera.
Sans fin la nôtre sera.

DEDANS PARIS

Dedans Paris, ville jolie,
Un jour, passant mélancolie,
Je pris alliance nouvelle
A la plus gaie demoiselle
Qui soit d'ici en Italie.

D'honnêteté elle est saisie,
Et crois, selon ma fantaisie
Qu'il n'en est guère de plus belle
Dedans Paris.

Je ne la vous nommerai mie,
Sinon que c'est ma grand'amie ;
Car l'alliance se fit telle
Par un doux baiser que j'eus d'elle,
Sans penser aucune infamie
Dedans Paris.

JOACHIM DU BELLAY (1522-1560)

Né en Anjou, à Liré, dans une famille de petite noblesse, Joachim du Bellay n'a pour refuge que l'étude : il est orphelin, et de santé fragile. Ami de Ronsard, il l'accompagne au célèbre collège de Coqueret, à Paris, où il a pour condisciples les membres de la future Pléiade, qui participent à l'élaboration de la célèbre **Défense et illustration de la langue française,** *qu'il signe en 1549. Il en applique les nouveaux principes dans* **L'Olive,** *sonnets inspirés de Pétrarque.*

Parti avec son cousin le cardinal Jean Du Bellay à Rome, où le prélat est ambassadeur, et lui intendant, il s'y ennuie à repousser les créanciers, et, parmi les mesquineries de cour, s'y sent exilé, exprimant sa nostalgie dans **Les Regrets** *et* **Les Antiquités de Rome.**

Revenu en France quatre ans plus tard, il y retrouve ses amis de la Pléiade mais le temps lui est compté : atteint d'une telle surdité qu'il ne peut communiquer que par écrit, il meurt d'une attaque d'apoplexie dans la nuit du 1er janvier 1560. A trente-sept ans.

COMME LE CHAMP SEMÉ...

Comme le champ semé en verdure foisonne,
De verdure se hausse en tuyau verdissant,
Du tuyau se hérisse en épi florissant
D'épi jaunit en grain, que le chaud assaisonne ;

Et comme en la saison le rustique moissonne
Les ondoyants cheveux du sillon blondissant,
Les met d'ordre en javelle et du blé jaunissant
Sur le champ dépouillé mille gerbes façonne ;

Ainsi de peu à peu crût l'empire romain,
Tant qu'il fut dépouillé par la barbare main,
Qui ne laissa de lui que ces marques antiques,

Que chacun va pillant ; comme on voit le glaneur
Cheminant pas à pas recueillir les reliques
De ce qui va tomber après le moissonneur.

FRANCE, MÈRE DES ARTS...

France, mère des arts, des armes et des lois,
Tu m'as nourri longtemps du lait de ta mamelle :
Ores, comme un agneau qui sa nourrice appelle,
Je remplis de ton nom les antres et les bois.

Si tu m'as pour enfant avoué quelquefois,
Que ne me réponds-tu maintenant, ô cruelle ?
France, France, réponds à ma triste querelle.
Mais nul, sinon Écho, ne répond à ma voix.

Entre les loups cruels, j'erre parmi la plaine.
Je sens venir l'hiver, de qui la froide haleine
D'une tremblante horreur fait hérisser ma peau.

Las ! tes autres agneaux n'ont faute de pâture,
Ils ne craignent le loup, le vent, ni la froidure :
Si ne suis-je pourtant le pire du troupeau.

HEUREUX QUI COMME ULYSSE...

Heureux qui comme Ulysse, a fait un beau voyage,
Ou comme celui-là qui conquit la Toison
Et puis s'en est retourné, plein d'usage et raison,
Vivre entre ses parents le reste de son âge !

Quand reverrai-je, hélas, de mon petit village
Fumer la cheminée, et en quelle saison
Reverrais-je le clos de ma pauvre maison,
Qui m'est une province et beaucoup davantage ?

Plus me plaît le séjour qu'ont bâti mes aïeuls,
Que des palais romains le front audacieux,
Plus que le marbre dur me plaît l'ardoise fine :

Plus mon Loire gaulois que le Tibre latin,
Plus mon petit Liré que le Mont-Palatin
Et plus que l'air marin la douceur angevine.

CHANSON DU VANNEUR DE BLÉ

Ô vous troupe légère
Qui d'aile passagère
Par le monde volez,
Et d'un sifflant murmure
L'ombrageuse verdure
Doucement ébranlez,

J'offre ces violettes,
Ces lis et ces fleurettes,
Et ces roses ici,
Ces vermeillettes roses,
Tout fraîchement écloses,
Et ces œillets aussi.

De votre douce haleine
Eventez cette plaine,
Eventez ce séjour ;
Cependant que j'ahanne
A mon blé que je vanne
A la chaleur du jour.

CHANSON POPULAIRE (XVe siècle)

L'AMOUR DE MOY

L'amour de moy s'y est enclose
Dedans un joli jardinet
Où croît la rose et le muguet
Et aussi la passerose.

Ce jardinet est bel et plaisant :
Il est garni de toutes flours,
On y prend son ébattement
Autant la nuit comme le jour.

Hélas il n'est si douce chose
Que ce doux rossignolet
Qui chante au soir, au matinet.
Quand il est las, il se repose.

Je la vis cueillir, l'autre jour,
La violette en un vert pré,
La plus belle qu'oncques je vis,
Et la plus plaisante à mon gré.

Je la regardai une pose
Elle était blanche comme lait
Et belle comme un agnelet
Et vermeillette comme rose.

PIERRE DE RONSARD (1523-1585)

A douze ans, ce fils d'un gentilhomme du Vendômois était page du dauphin François. Beau début de carrière. Mais Pierre de Ronsard ne sera jamais un grand soldat, ou un habile diplomate : avant d'être adulte, il est déjà sourd. Il lui reste l'Église.
Il reçoit les ordres mineurs, mais ne va pas jusqu'à la prêtrise, et choisit d'être poète, et érudit, auprès de Dorat, l'humaniste qu'il accompagne au collège de Coqueret, où il sera le disciple de Du Bellay et des poètes de la Pléiade.
Bel homme, il aime séduire, et encore plus versifier ses amours : Cassandre la belle Italienne, Marie l'humble paysanne... Obligé, malgré lui, de prendre parti dans les querelles religieuses, il doit défendre la cause catholique, ce qui lui attire les injures du clan opposé, puis, ayant répondu vertement, les félicitations du roi, voire du pape.

Quand il ne rédige pas des travaux de commande, il chante ses amours, plus ou moins heureuses, pour Isabeau, Genèvre, puis Hélène de Surgères... Vivant du bénéfice de ses abbayes, il reste un poète apprécié à la cour, notamment celle de Charles IX, quand il daigne s'y rendre.
Oubliée à sa mort, sauf à l'étranger, son œuvre est redécouverte par les Romantiques, qui la remettront à sa place : la première..

MIGNONNE, ALLONS VOIR SI LA ROSE...

Mignonne, allons voir si la rose
Qui ce matin avait déclose
Sa robe de pourpre au soleil,
A point perdu cette vêprée,
Les plis de sa robe pourprée,
Et son teint au vôtre pareil.

Las ! Voyez comme en peu d'espace,
Mignonne, elle a dessus la place,
Las, las ! Ses beautés laissé choir !
Ô vraiment marâtre Nature,
Puis qu'une telle fleur ne dure
Que du matin jusques au soir !

Donc, si vous me croyez, mignonne,
Tandis que votre âge fleuronne
En sa verte nouveauté,
Cueillez, cueillez votre jeunesse :
Comme à cette fleur, la vieillesse
Fera ternir votre beauté.

QUAND HORS DE TES LÈVRES DÉCLOSES...

Quand hors de tes lèvres décloses
Comme entre deux fleuris sentiers,
Je sens ton haleine de roses,
Les miennes les avant-portiers
Du baiser se rougissent d'aise,
Et de mes souhaits tous entiers
Me font jouir quand je te baise.
Car l'humeur du baiser apaise,
S'écoulant au cœur peu à peu,
Cette chaude amoureuse braise,
Dont tes yeux allumaient le feu.

VERSONS CES ROSES...

Versons ces roses près ce vin,
Près ce vin versons ces roses !
Et buvons l'un à l'autre, afin
Qu'au cœur nos tristesses encloses
Prennent en buvant quelque fin...

La rose est l'honneur d'un pourpris,
La rose est des fleurs la plus belle
Et dessus toutes elle a le prix :
C'est pour cela que je l'appelle
La violette de Cypris.

La rose est le bouquet d'Amour
La rose est le jeu des Charites,
La rose blanchit tout autour
Au matin de perles petites
Qu'elle emprunte du point du jour.

Est-il rien sans elle de beau ?
La Rose embellit toutes choses ;
Vénus de roses à la peau,
Et l'Aurore a les doigts de roses,
Et le front le Soleil nouveau.

PRENDS CETTE ROSE...

Prends cette rose aimable comme toi,
Qui sert de rose aux roses les plus belles,
Qui sert de fleur aux fleurs les plus nouvelles,
Dont la senteur me ravit tout de moi.

Prends cette rose et ensemble reçois
Dedans ton sein mon cœur qui n'a point d'ailes :
Il est constant et cent plaies cruelles
N'ont empêché qu'il ne gardât sa foi.
La rose et moi différons d'une chose :
Un Soleil voit naître et mourir la rose,
Mille Soleils ont vu naître m'amour,
Dont l'action jamais ne se repose.
Que plût à Dieu que telle amour, enclose,
Comme une fleur, ne m'eut duré qu'un jour.

COMME UNE BELLE FLEUR...

Comme une belle fleur assise entre les fleurs,
Mainte herbe vous cueillez en la saison plus tendre
Pour me les envoyer, et pour soigneuse apprendre
Leurs noms et qualités, espèces et valeurs.

Était-ce point afin de guérir mes douleurs,
Ou de faire la plaie amoureuse reprendre ?
Ou bien s'il vous plaisait par charmes entreprendre
D'ensorceler mon mal, mes flammes et mes pleurs ?

Certes je crois que non : nulle herbe n'est maîtresse
Contre le coup d'Amour envieilli par le temps.
C'était pour m'enseigner qu'il faut dès la jeunesse

Comme d'un usufruit, prendre son passetemps ;
Que pas à pas nous suit l'importune vieillesse
Et qu'Amour et les fleurs ne durent qu'un Printemps.

COMME ON VOIT SUR LA BRANCHE...

Comme on voit sur la branche au mois de mai la rose
En sa belle jeunesse, en sa première fleur,
Rendre le ciel jaloux de sa vive couleur,
Quand l'aube de ses pleurs au point du jour l'arrose ;

La grâce dans sa feuille, et l'amour se repose,
Embaumant les jardins et les arbres d'odeur ;
Mais, battus ou de pluie ou d'excessive ardeur,
Languissante elle meurt, feuille à feuille déclose.

Ainsi, en ta première et jeune nouveauté,
Quand la terre et le ciel honoraient ta beauté,
La Parque t'a tuée, et cendre tu reposes.

Pour obsèques reçois mes larmes et mes pleurs,
Ce vase plein de lait, ce panier plein de fleurs,
Afin que vif et mort ton corps ne soit que roses.

MAÎTRESSE, EMBRASSE-MOI...

Maîtresse, embrasse-moi, baise-moi, serre-moi,
Haleine contre haleine, échauffe-moi la vie,
Mille et mille baisers donne-moi je te prie,
Amour veut tout sans nombre, amour n'a point de loi.

Baise et rebaise-moi ; belle bouche pourquoi
Te gardes-tu là-bas, quand tu seras blêmie,
A baiser (de Pluton ou la femme ou l'amie),
N'ayant plus ni couleur, ni rien semblable à toi ?

En vivant presse-moi de tes lèvres de roses,
Bégaye, en me baisant, à lèvres demi-closes
Mille mots tronçonnés, mourant entre mes bras.

Je mourrai dans les tiens, puis, toi ressuscitée,
Je ressusciterai, allons ainsi là-bas,
Le jour tant soit-il court vaut mieux que la nuitée.

SONNET POUR HÉLÈNE

L'autre jour que j'étais sur le haut d'un degré,
Passant tu m'avisas, et me tournant la vue,
Tu m'éblouis les yeux, tant j'avais l'âme émue
De me voir en sursaut de tes yeux rencontré.

Ton regard dans le cœur, dans le sang m'est entré
Comme un éclat de foudre alors qu'il fend la nue :
J'eus de froid et de chaud la fièvre continue,
D'un si poignant regard mortellement outré.

Et si ta belle main passant ne m'eût fait signe,
Main blanche, qui se vante être fille d'un Cygne,
Je fusse mort, Hélène, aux rayons de tes yeux ;

Mais ton signe retint l'âme presque ravie,
Ton œil se contenta d'être victorieux,
Ta main se réjouit de me donner la vie.

MARIE, QUI VOUDRAIT VOTRE NOM...

Marie, qui voudrait votre nom retourner,
Il trouverait Aimer ; aimez-moi donc, Marie ;
Votre nom de nature à l'amour vous convie,
Il faut votre jeunesse à l'amour adonner.

S'il vous plaît pour jamais votre ami m'ordonner,
Ensemble nous prendrons les plaisirs de la vie,
D'une amour contre-aimée, et jamais autre envie
Ne me pourra le cœur du vôtre détourner.

Si faut-il bien aimer au monde quelque chose ;
Celui qui n'aime point, pour son but se propose
Une vie de Scythe, et ses jours veut passer

Sans goûter la douceur des douceurs la meilleure.
Eh ! qu'est-il rien de doux sans Vénus ? Las, à l'heure
Que je n'aimerai plus, puissé-je trépasser !

JE VOUDRAIS BIEN RICHEMENT...

Je voudrais bien richement jaunissant
En pluie d'or goutte à goutte descendre
Dans le beau sein de ma belle Cassandre,
Lors qu'en ses yeux le somme va glissant.

Je voudrais bien en taureau blandissant
Me transformer pour finement la prendre,
Quand elle va par l'herbe la plus tendre
Seule à l'écart mille fleurs ravissant.

Je voudrais bien afin d'aiser ma peine
Être un Narcisse, et elle une fontaine
Pour m'y plonger une nuit à séjour

Et voudrais bien que cette nuit encore
Dura toujours sans que jamais l'Aurore
D'un front nouveau nous ralluma le jour.

JE VOUS ENVOIE UN BOUQUET...

Je vous envoie un bouquet que ma main
Vient de trier de ces fleurs épanies ;
Qui ne les eût à ce vêpre cueillies
Chutes à terre elles fussent demain.

Cela vous soit un exemple certain
Que vos beautés bien qu'elles soient fleuries
En peu de temps cherront toutes flétries
Et comme fleurs périront tout demain.

Le temps s'en va, le temps s'en va, ma Dame,
Las ! le temps non, mais nous, nous en allons,
Et tôt serons étendus sous la lame ;

Et des amours desquelles nous parlons,
Quand serons morts, n'en sera plus nouvelle ;
Pour ce, aimez-moi cependant qu'êtes belle.

GENÈVRES HÉRISSÉS...

Genèvres hérissés, et vous, houx épineux,
L'un hôte des déserts, et l'autre d'un bocage ;
Lierre, le tapis d'un bel antre sauvage,
Sources qui bouillonnez d'un surgeon sablonneux,

Pigeons, qui vous baisez d'un baiser savoureux,
Tourtres qui lamentez d'un éternel veuvage,
Rossignols ramagers qui d'un plaisant langage
Nuit et jour rechantez vos versets amoureux ;

Vous, à la gorge rouge, étrangère arondelle,
Si vous voyez aller ma nymphe en ce printemps
Pour cueillir des bouquets par cette herbe nouvelle,

Dites-lui pour néant que sa grâce j'attends,
Et que, pour en souffrir le mal que j'ai pour elle,
J'ai mieux aimé mourir que languir si longtemps.

TE REGARDANT ASSISE...

Te regardant assise près de ta cousine
Belle comme une Aurore et toi comme un soleil
Je pensai voir deux fleurs d'un même teint pareil,
Croissantes en beauté l'une et l'autre voisine.

La chaste, sainte, belle et unique Angevine
Vite comme un éclair jeta sur moi son œil ;
Toi comme paresseuse et pleine de sommeil,
D'un seul petit regard tu ne t'estimas digne.

Tu t'entretenais seule, au visage abaissé,
Pensive toute à toi, n'aimant rien que toi-même,
Dédaignant un chacun d'un sourcil ramassé,

Comme une qui ne veut qu'on la cherche ou qu'on l'aime.
J'eus peur de ton silence, et m'en allais tout blême,
Craignant que mon salut n'eut ton œil offensé.

L'AN SE RAJEUNISSAIT...

L'an se rajeunissait en sa verte jouvence
Quand je m'épris de vous, ma Sinope cruelle;
Seize ans était la fleur de votre âge nouvelle,
Et votre teint sentait encore son enfance.

Vous aviez d'une infante encore la contenance,
La parole et les pas; votre bouche était belle,
Votre front et vos mains dignes d'une immortelle,
Et votre œil, qui me fait trépasser quand j'y pense.

Amour qui ce jour-là grandes beautés vit,
Dans un marbre, en mon cœur, d'un trait les écrivit;
Et si pour le jour d'hui vos beautés si parfaites

Ne sont comme autrefois, je n'en suis moins ravi,
Car je n'ai pas égard à cela que vous êtes,
Mais au doux souvenir des beautés que je vis.

ÉPITAPHE

Amelette Ronsardelette
Mignonnelette, doucelette,
Très chère hôtesse de mon corps
Tu descends là-bas faiblelette,
Pâle, maigrelette, seulette,
Dans le froid royaume des morts.

QUAND AU TEMPLE...

Quand au temple nous serons,
Agenouillés, nous ferons
Les dévots, selon la guise
De ceux qui pour louer Dieu,
Humbles se courbent au lieu
Le plus secret de l'Église.

Mais quand au lit nous serons,
Entrelacés nous ferons
Les lascifs selon les guises
Des amants qui, librement,
Pratiquent folâtrement
Dans les draps cent mignardises.

Pourquoi doncques quand je veux
Ou mordre tes beaux cheveux,
Ou baiser ta bouche aimée,
Ou toucher à ton beau sein
Contrefais-tu la nonnain
Dedans son temple enfermée ?

Pour qui gardes-tu tes yeux
Et ton sein délicieux,
Ton front ta lèvre jumelle ?
En veux-tu baiser Pluton,
Là-bas après que Caron
T'aura mis en sa nacelle ?

Après ton dernier trépas
Grêle tu n'auras là-bas
Qu'une bouchette blêmie,
Et quand mort je te verrai,
Aux ombres je n'avouerai
Que jadis tu fus ma mie.

Ton têt' n'aura plus de peau,
Ni ton visage si beau
N'aura veine ni artères.
Tu n'auras plus que tes dents
Telles qu'on les voit dedans
Les têtes des cimetières.

Donc ques tandis que tu vis,
Change maîtresse d'avis,
Et ne m'épargne ta bouche.
Incontinent tu mourras,
Lors tu te repentiras
De m'avoir été farouche.

Ah ! je meurs, ah baise-moi,
Ah ! maîtresse, approche-toi.
Tu fuis comme faon qui tremble.
Au moins, souffre que ma main
S'ébatte un peu dans ton sein,
Ou plus bas, si bon te semble.

LOUISE LABÉ (1526-1566)

«Le plaisir le plus doux qui soit après l'amour, c'est d'en parler » : Louise Labé a su le faire avec une sensualité rare. Cette « nymphe ardente des bords du Rhône », selon Marceline Desbordes-Valmore, dont la liberté de mœurs étonna ses contemporains était la fille d'un riche bourgeois de Lyon, qui lui fit donner une solide éducation.

A seize ans, déguisée en homme pour suivre son amant, elle participa au siège de Perpignan. A vingt-cinq ans, elle épousa un cordier, d'où son surnom de « Belle Cordière », et connut d'autres aventures amoureuses. S

es sonnets imudiques, comme sa conduite, attirèrent sur elle injures et malveillance. Elle n'en resta pas moins la reine d'une société raffinée et continua de grouper autour d'elle les poètes de l'École lyonnaise.

Elle mourut vers quarante-deux ans. Par testament, elle légua toute sa fortune aux pauvres.

Il faudra plusieurs siècles pour que l'on redécouvre sa poésie, si contemporaine.

JE VIS JE MEURS...

Je vis je meurs ; je me brûle et me noie.
J'ai chaud extrême en endurant froidure ;
La vie m'est et trop molle et trop dure,
J'ai grands ennuis entremêlés de joie ;

Tout à coup je ris et je larmoie,
Et en plaisir maint grief tourment j'endure ;
Mon bien s'en va, et à jamais il dure ;
Tout en un coup je sèche et je verdoie.

Ainsi Amour inconstamment me mène ;
Et, quand je pense avoir plus de douleur,
Sans y penser je me trouve hors de peine.

Puis, quand je crois ma joie être certaine,
Et être en haut de mon désiré heur,
Il me remet en mon premier malheur.

BAISE M'ENCOR'...

Baise m'encor, rebaise-moi et baise :
Donne m'en un de tes plus savoureux
Donne-m'en un de tes plus amoureux ;
Je t'en rendrai quatre plus chauds que braise.

Las te plains-tu ? ça que ce mal j'apaise,
En t'en donnant dix autres doucereux,
Ainsi mêlant nos baisers tant heureux
Jouissons-nous l'un de l'autre à notre aise.

Lors double vie à chacun en suivra
Chacun en soi et son ami vivra
Permets m'Amour penser quelque folie ;

Toujours suis mal, vivant discrètement,
Et ne puis donner contentement,
Si hors de moi ne fais quelque saillie.

NE REPRENEZ, DAMES, SI J'AI AIMÉ...

Ne reprenez, Dames, si j'ai aimé,
Si j'ai senti mille torches ardentes,
Mille travaux, mille douleurs mordantes
Si, en pleurant, j'ai mon temps consumé.

Las ! que mon nom n'en soit par vous blâmé.
Si j'ai failli, les peines sont présentes,
N'aigrissez point leurs pointes violentes ;
Mais estimez qu'Amour, à point nommé,

Sans votre ardeur d'un Vulcain excuser,
Sans la beauté d'Adonis accuser,
Pourra s'il vcut, plus vous rendre amoureuses,

En ayant moins que moi d'occasion,
Et plus d'étrange et forte passion.
Et gardez-vous d'être plus malheureuses !

Louise Labé

REMY BELLEAU (1528-1577)

L'AUBÉPINE ET L'ÉGLANTIN...

L'aubépine et l'églantin,
Et le thym,
L'œillet le lys et les roses,
En cette belle saison,
A foison
Montrent leurs robes écloses.
Le gentil rossignolet,
Doucelet,
Découpe, dessous l'ombrage,
Mille fredons babillards,
Frétillards,
Aux doux sons de son ramage.

Originaire de Nogent-le-Rotrou, cet érudit d'humble extraction fut attaché au service de René de Lorraine, et précepteur de son fils. Il guerroya avec son maître pendant un an en Italie, avant de revenir à Paris se consacrer à la poésie.
Ce furent ses amis Ronsard, Desportes, Baïf et Jamyn qui, après l'avoir porté en terre, firent publier les œuvres complètes de ce poète d'une grande finesse, redécouvert au XIXe siècle, et apprécié, notamment, de Victor Hugo et de Baudelaire.

ANTOINE DE BAÏF (1532-1589)

Le « docte, doctieur et doctime Baïf » selon son ami Du Bellay était le fils d'un diplomate auteur de nombreux essais sur la vie antique et cousin du père de Ronsard. Éduqué par Dorat, au célèbre collège de Coqueret, à Paris, qui vit naître l'humanisme français, Jean-Antoine de Baïf eut pour condisciples Ronsard, du Bellay et d'autres poètes de la Pléïade. Le premier, en France, il essaya d'écrire une tragédie à l'antique, ***Cléopâtre.***
Diplomate comme son père, cet homme à l'esprit curieux et original, qui voulait renouveler la poésie dans le fond comme dans la forme, fonda une Académie de musique soutenue par Charles IX qui devint, sous le règne de Henri III, Académie poétique de grand renom.

PLANTONS LE MAI

Couchés dessus l'herbage vert
D'ombrages épais encourtinés
Ecoutons le ramage du
rossignolet.
Plantons le mai, plantons le mai
En ce joli mois de mai.

Dedans ce peinturé préau
Les fleurs, levant le chef en haut,
Se présentent à faire chapeaux
et bouquets.
Plantons le mai, plantons le mai
En ce joli mois de mai.

Les oisillons joints deux à deux
Font leur couvée au nid commun;
Et du jeu de l'amour ne prenons
les ébats.
Plantons le mai, plantons le mai
En ce joli mois de mai.

La terre gaie épand le sein
Au germe doux qui vient d'en
haut,
Du ciel amoureux qui sur elle se
fond.
Plantons le mai, plantons le mai
En ce joli mois de mai.

LES ROSES

Ô nature, nous nous plaignons
Que des fleurs la grâce est si brève
Et qu'aussitôt que les voyons
Un malheur tes dons nous enlève.

Autant qu'un jour est long, autant
L'âge des roses a duré ;
Quand leur jeunesse s'est montrée
Leur vieillesse accourt à l'instant.

Celle que l'étoile du jour
A ce matin vu naissante,
Elle-même, au soir de retour
A vu la même vieillissante.

Un seul bien ces fleurettes ont,
Combien qu'en peu de temps périssent,
Par succès elles refleurissent
Et leur saison plus longue font.

Fille, vient la rose cueillir
Tandis que sa fleur est nouvelle :
Souviens-toi qu'il te faut vieillir
Et que tu flétriras comme elle.

ÉPITAPHE

Pauvres corps où logeaient ces esprits turbulents,
Naguère la terreur des Princes de la terre,
Même contre le ciel osant faire la guerre,
Déloyaux, obstinés, pervers et violents,

Aujourd'hui le repas des animaux volants
Et rampants charogniers, et de ces vers qu'enserre
La puante voirie, et du peuple qui erre
Sous les fleuves profonds en la mer se coulant :

Pauvres corps, reposez, qui vos malheureux os,
Nerfs et veines et chairs, sont dignes de repos,
Qui ne purent souffrir le repos en la France.

Esprits aux carrefours toutes les nuits criez :
Ô mortels avertis et voyez et croyez

MARGUERITE DE VALOIS (1553-1615)

NOS DEUX CORPS SONT EN TOI...

Nos deux corps sont en toi,
Je le sais plus que d'ombre.
Nos amis sont à toi,
Je ne sais que de nombre.
Et puisque tu es tout
Et que je ne suis rien,
Je n'ai rien ne t'ayant
Ou j'ai tout, au contraire,
Avoir et tout et tien,
Comment se peut-il faire ?...
C'est que j'ai tous les maux
Et je n'ai point de biens.

Je vis par et pour toi
Ainsi que pour moi-même.
Tu vis par et pour moi
Ainsi que pour toi-même.

Le soleil de mes yeux,
Si je n'ai ta lumière,
Une aveugle nuée
Ennuie ma paupière.
Comme une pluie de pleurs
Découle de mes yeux,
Les éclairs de l'amour,
Les éclats de la foudre
Entrefendent mes nuits
Et m'écrasent en poudre.
Quand j'entonne les cris,
Lors, j'étonne les cieux.

Je vis par et pour toi
Ainsi que pour moi-même.
Tu vis par et pour moi
Ainsi que pour toi-même.

Nous n'aurons qu'une vie
Et n'aurons qu'un trépas.
Je ne veux pas ta mort,
Je désire la mienne.
Mais ma mort est ta mort
Et ma vie est la tienne.
Ainsi, je veux mourir
Et je ne le veux pas.

Pour raison d'État première épouse d'Henri IV, qui la répudia en 1599, la reine Margot eut une vie sentimentale agitée. (Le poème ***Nos deux corps sont en toi*** *ne s'adresse pas à son royal époux, mais à son amant Champvallon). Très cultivée, elle s'entoura de lettrés et cultiva avec eux des genres poétiques anciens.*

AGRIPPA D'AUBIGNÉ (1552-1630)

Poète et soldat, Agrippa d'Aubigné, camarade d'enfance d'Henri IV, fut un protestant à la foi farouche.
Parti à Genève étudier les mathématiques, il s'évade à seize ans de sa pension pour participer aux combats des guerres de religion.
En 1572, absent de Paris, il échappe au massacre de la Saint-Barthélémy.
Grièvement blessé quelques temps plus tard dans une embuscade, il est soigné au château de Talcy par Diane Salviati, nièce de cette Cassandre à laquelle Ronsard a dédié ses plus beaux poèmes, et dont il est épris.
Mais il ne peut l'épouser : elle est catholique.
Devenu pendant trois ans l'écuyer d'Henri de Navarre, il se brouille avec le futur Henri IV, lorsque ce dernier se convertit au catholicisme et se retire sur ses terres. Réconcilié avec son roi, il se marie en 1583 et devient gouverneur de Maillezais (Vendée).
Pour défendre sa religion, l'intransigeant huguenot reprend les armes sous le règne de Louis XIII et de Richelieu. Exilé à Genève, il y meurt en 1630.
L'ironie du sort voudra que ce soit sa petite-fille, Françoise d'Aubigné, marquise de Maintenon, qui poussera Louis XIV à révoquer l'Édit de Nantes, en 1685.
Son œuvre, abondante et variée, ne fut redécouverte qu'au XIXe siècle. Ce guerrier lettré est passé du pamphlet au roman, de l'essai historique à ses ***Mémoires,*** *mais c'est surtout le poète, dont le chef-d'œuvre reste* ***Les Tragiques,*** *qui est passé à la postérité.*

LES LYS ME SEMBLENT NOIRS...

Les lys me semblent noirs, le miel aigre à outrance,
Les roses sentir mal, les œillets sans couleur,
Les myrtes, les lauriers ont perdu leur verdeur,
Le dormir m'est fâcheux et long en votre absence.

Mais les lys fussent blancs, le miel doux, et je pense
Que la rose et l'œillet ne fussent sans honneur,
Les myrtes, les lauriers fussent verts du labeur,
J'eusse aimé le dormir avec votre présence,

Que si loin de vos yeux, à regret m'absentant,
Le corps enduroit seul, étant l'esprit content :
Laissons le lys, le miel, roses, œillets déplaire,

Les myrtes, les lauriers dès le printemps flétrir,
Me nuire le repos, me nuire le dormir,
Et que tout, hormis vous, me puisse être contraire.

INSCRIPTION
pour une fontaine

Vois-tu, passant, couler cette onde
Et s'écouler incontinent ?
Ainsi fuit la gloire du monde,
Et rien que Dieu n'est permanent.

ABRAHAM DE VERMEIL (1555-1620)

Originaire du Bugey, Abraham de Vermeil fut un poète protégé par Henri IV, pour lequel il s'était battu pendant les guerres civiles. Poète apprécié en son époque, il écrivit une ***Histoire de saint Louis,*** *aujourd'hui perdue, et de nombreux sonnets d'inspiration « pétrarquiste ».*

UN JOUR MON BEAU SOLEIL...

Un jour mon beau Soleil mirait sa tresse blonde
Aux rais du grand Soleil qui n'a point de pareil;
Le grand Soleil aussi mirait son teint vermeil
Au rai de mon soleil que nul rais ne seconde.

Mon Soleil au Soleil était Soleil et onde
Le grand Soleil était son onde et son Soleil;
Le Soleil se disait le Soleil non pareil,
Mon Soleil se disait le seul Soleil du monde.

Soleils ardents, laissez ces bruits contentieux;
L'un est Soleil en terre et l'autre luit aux Cieux;
L'un est Soleil des corps, l'autre Soleil de l'âme.

Mais si vous débattez, Soleils, qui de vous deux
Est Soleil plus luisant et plus puissant de feux,
Soleil, tes jours sont nuits comparés à ma Dame.

AVANT QUE CE MUGUET...

Avant que ce muguet vous eût entretenue,
Je n'adorais que vous, vous n'adoriez que moi,
Front à front, sein à sein, bras à bras, nu à nue,
Vous pâmiez soupirant, soupirant je pâmais.
Mais quand je vois le cours de votre amour volage,
Je secoue les nœuds dont vous me teniez pris ;
Vous n'aurez jamais plus sur mon sein avantage,
Nous verrons qui des deux portera le dommage,
Je serai Mars sanglant si vous êtes Cypris...

JE CHANTE ET PLEURE...

Je chante et pleure, et veux faire et défaire,
J'ose et je crains, et je fuis et je suis,
J'heurte et je cède, et j'ombrage et je luis,
J'arrête et cours, je suis pour et contraire.

Je veille et je dors, et suis grand et vulgaire,
Je brûle et gèle, et je puis et ne puis,
J'aime et je hais, je conforte et je nuis,
Je vis et meurs, j'espère et désespère.

Puis de ce tout étreint, sous le pressoir,
J'en tire un vin ores blanc ores noir,
Et de ce vin j'enivre ma pauvre âme,

Qui chancelant d'un ou d'autre côté,
Va et revient comme esquif tempêté,
Veuf de nocher, de timon et de rame.

GILLES DURANT (1554-1615)

Ce gentilhomme auvergnat fut avocat au Parlement de Paris, et poète. Ses ***Œuvres*** *furent publiées en 1594. Il participa à la* ***Satyre Ménippée,*** *un pamphlet politique en vers et en prose, qui attaquait la Ligue. Cet ouvrage plein de verve et d'éloquence, qui ridiculisait le roi d'Espagne, soutien des Ligueurs, aida à l'avènement d'Henri IV pour lequel un Paris las de la guerre civile valait bien une messe.*

À UNE FLEUR DE SOUCI

J'aime la belle violette
L'œillet et la pensée aussi;
J'aime la rose vermeillette,
Mais surtout j'aime le souci.

Belle fleur, jadis amoureuse
Du Dieu qui nous donne le jour,
Te dois-je nommer malheureuse
Ou trop constante en ton amour?

Ce Dieu qui en fleur t'a changée
N'a point changé ta volonté;
Encor, belle fleur orangée,
Sens-tu l'effort de sa beauté.

Toujours ta face languissante
Aux rais de son œil s'épanit
Et quand sa lumière s'absente,
Soudain la tienne se ternit.

Je t'aime, souci misérable,
Je t'aime, malheureuse fleur,
D'autant plus que tu m'es semblable
Et en constance et en malheur.

J'aime la belle violette
L'œillet et la pensée aussi;
J'aime la rose vermeillette,
Mais surtout j'aime le souci.

ANDRÉ MAGE DE FIEFMELIN (1560-1603)

LES PLUS DIVINS AMOURS...

Les plus divins amours se jouaient dans sa tresse,
Les éclairs de ses yeux les plus froids enflammaient,
Et ses plus doux soupirs l'air d'odeurs embaumaient
Sous un avril de fleurs qu'elle versait sans cesse.

Son port, sa majesté qui la montraient Déesse,
Sa grâce et son souris qui les morts ranimaient,
Faisaient que ses haineux en la voyant l'aimaient,
Et la suivaient les siens ainsi que leur maîtresse.

Sitôt que sa beauté m'apparut au saint lieu,
En peur j'entr'avisai ce chef-d'œuvre de Dieu,
L'œilladant à demi pour ne perdre la vue.

Mais je perdis bien plus. Sa bouche me surprit,
En me volant d'un coup le repos et l'esprit ;
Puis mon âme à l'aimer fut par l'oreille émue.

La vie d'André Mage de Fiefmelin, originaire d'Oléron, est mal connue. La poésie de ce protestant qui vécut les guerres de religion, quand elle n'est pas élégiaque, en reflète le trouble et la violence.

XVIIe SIÈCLE

FRANÇOIS DE MALHERBE (1555-1628)

Fils d'un magistrat de Caen, François de Malherbe, plutôt que d'entrer dans la magistrature, choisit la carrière des armes. Au service d'Henri d'Angoulême, gouverneur de Provence, il s'installe à Aix, où il épouse la fille du président du Parlement de Provence avec laquelle il aura quatre enfants.

Il trompe son ennui d'obscur officier en faisant des vers. Henri IV, qui a entendu parler de lui, demande à rencontrer ce poète soldat. A 50 ans, c'est la gloire pour Malherbe qui, pendant la vingtaine d'années qui lui restent à vivre, va épurer la langue, codifier la versification, et lui donner sa cadence « classique ». « Enfin Malherbe vint! » s'exclamera Boileau. Une rigueur qui vaudra à Malherbe, sévère jusqu'au ridicule, notamment avec ses précurseurs de la renaissance, les surnoms de « vieux pédagogue » et de « tyran des mots et des syllabes ».

Poète officiel de la régente Catherine de Médicis, il meurt en 1628, sortant, paraît-il, de son agonie pour corriger une erreur de langage commise par l'un des veilleurs à son chevet. Il ne s'est pas remis d'un voyage fait à La Rochelle auprès de Louis XIII afin d'obtenir, en vain, le châtiment du meurtrier de son fils : ce dernier, gracié après avoir tué un adversaire lors d'un duel, a été tué à son tour.

IMITATION DU PSAUME
Lauda anima mea Dominum (Extrait)

N'espérons plus, mon âme, aux promesses du monde :
Sa lumière est un verre, et sa faveur une onde,
Que toujours quelque vent empêche de calmer ;
Quittons ces vanités, lassons-nous de les suivre :
C'est Dieu qui nous fait vivre,
C'est Dieu qu'il faut aimer.

SONNET SUR LA MORT DE SON FILS

Que mon fils ait perdu sa dépouille mortelle,
Ce fils qui fut si brave, et que j'aimai si fort,
Je ne l'impute point à l'injure du sort,
Puis que finir à l'homme est chose naturelle.

Mais que de deux marauds la surprise infidèle
Ait terminé ses jours d'une tragique mort,
En cela ma douleur n'a point de réconfort,
Et tous mes sentiments sont d'accord avec elle.

O mon Dieu, mon Sauveur, puis que par la raison
Le trouble de mon âme étant sans guérison,
Le vœu de la vengeance est un vœu légitime,

Fais que de ton appui je sois fortifié :
Ta justice t'en prie, et les auteurs du crime
Sont fils de ces bourreaux qui t'ont crucifié.

IMITATION DU PSAUME
Lauda anima mea Dominum (Extrait)

En vain, pour satisfaire à nos lâches envies,
Nous passons près des rois tout le temps de nos vies,
A souffrir des mépris et ployer le genoux ;
Ce qu'ils peuvent n'est rien : ils sont comme nous sommes
Véritablement hommes,
Et meurent comme nous.

THÉOPHILE DE VIAU (1590-1626)

Théophile de Viau, dit aussi simplement Théophile, fut l'un des grands poètes de son temps, et un esprit libre, en une époque où il était dangereux de l'être. Occitan et parpaillot de Clairac, près d'Agen, il voyagea pour étudier jusqu'en Hollande, puis se montra à la Cour au début du règne de Louis XIII et s'afficha comme le chef de file du clan des libertins, ce qui provoqua son exil en Angleterre.
Rentré en grâce, il revint à Paris se convertir au catholicisme, mais on lui attribua la paternité d'un ouvrage obscène, le ***Parnasse satyrique,*** *ce qui en fit la cible du parti dévot. Les Jésuites le firent condamner à être brûlé vif par contumace.*
Arrêté près de Saint-Quentin où il s'était réfugié, Théophile fut enfermé à la Conciergerie par Richelieu qui l'y laissa croupir pendant deux ans. Grâce à l'intervention du duc de Montmorency, sa peine fut commuée en bannissement perpétuel. Mais sa santé était ruinée. Il mourut quelques mois plus tard, à l'âge de 36 ans, et resta l'un des rares poètes héritiers de la Renaissance à être lu et apprécié pendant l'époque classique.

STANCES

Quand tu me vois baiser tes bras,
Que tu poses nus sur tes draps,
Bien plus blancs que le linge même ;
Quand tu sens ma brûlante main
Se promener dessus ton sein,
Tu sens bien, Cloris, que je t'aime.

Comme un dévot devers les cieux,
Mes yeux tournés devers tes yeux,
A genoux auprès de ta couche,
Pressé de mille ardents désirs
Je laisse sans ouvrir ma bouche
Avec toi dormir mes plaisirs.

Le sommeil aise de t'avoir
Empêche tes yeux de me voir,
Et te retient dans son empire
Avec si peu de liberté,
Que ton esprit tout arrêté
Ne murmure ni ne respire.

La rose en rendant son odeur,
Le soleil donnant son ardeur,
Diane et le char qui la traîne,
Une Naïade dedans l'eau
Et les Grâces dans un tableau,
Font plus de bruit que ton haleine.

Là je soupire auprès de toi,
Et considérant comme quoi
Ton œil si doucement repose,
Je m'écrie : Ô ciel ! peux-tu bien
Tirer d'une si belle chose
Un si cruel mal que le mien?

CHANSONS POPULAIRES

AUPRÈS DE MA BLONDE

Au jardin de mon père
les lilas sont fleuris

Tous les oiseaux du monde
y viennent faire leur nid ;

Refrain
Auprès de ma blonde,
Qu'il fait bon fait bon...
Auprès de ma blonde
Qu'il fait bon dormir.

La caille, la tourterelle
– et la jolie perdrix,

Et ma jolie colombe
qui chante jour et nuit,

Qui chante pour les filles
qui n'ont pas de mari ;

Pour moi ne chante guère
car j'en ai un joli.

Dites-nous donc la belle,
où donc est votre mari ?

Il est dans la Hollande,
les Hollandais l'ont pris.

Que donneriez-vous belle,
pour r'avoir votr' mari ?

Je donnerais Versailles
Paris et Saint-Denis,

Les tours de Notre-Dame,
et l'clocher d'mon pays,

Et ma jolie colombe
qui chante jour et nuit.

VIVE LA ROSE

Mon amant me délaisse,
Ô gué vive la rose,
Je ne sais pas pourquoi,
Vive la rose et le lilas.

Il va t'en voir une autre,
Ô gué vive la rose,
Ne sais s'il reviendra,
Vive la rose et le lilas.

On dit qu'elle est très belle,
Ô gué vive la rose,
Bien plus belle que moi,
Vive la rose et le lilas.

On dit qu'elle est malade,
Ô gué vive la rose,
Peut-être qu'elle en mourra,
Vive la rose et le lilas.

Si elle meurt dimanche,
Ô gué vive la rose,
Lundi on l'enter'ra,
Vive la rose et le lilas.

Mardi il r'viendra m'voir,
Ô gué vive la rose,
Mais je n'en voudrai pas,
Vive la rose et le lilas.

PIERRE CORNEILLE (1606-1684)

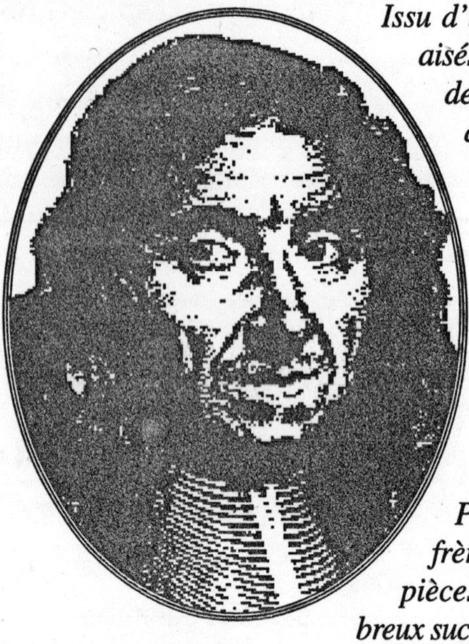

Issu d'une famille de bourgeois aisés, Pierre Corneille, après des études chez les Jésuites, devient avocat dans sa bonne ville de Rouen, où il est né en 1606. Tout en pratiquant le droit, il écrit des pièces qui le font remarquer de Richelieu, qui sera son protecteur.

Il a trente-et-un ans quand ***Le Cid*** *conquiert Paris. Corneille, dont le frère Thomas écrit aussi des pièces, connaît alors de nombreux succès au théâtre.*

La troupe de Molière joue plusieurs de ses pièces. Parmi les comédiennes, la Du Parc, surnommée Marquise. Corneille, honorable père de famille, en est-il tombé amoureux ? Ce serait pour elle qu'il aurait écrit ses célèbres ***Stances,*** *reprises en chanson par Georges Brassens, avec une malicieuse conclusion signée Tristan Bernard :*

« Peut-être que je serai vieille,
Répond Marquise, cependant
J'ai vingt-six ans, mon vieux Corneille,
Et je t'emmerde en attendant. »

Le « vieux Corneille », élu à l'Académie française en 1647, « détrôné » au théâtre par le tragédien Racine, meurt à Paris en 1684. Modèle de classicisme, il reste l'un de nos plus grands dramaturges, et un versificateur hors pair.

STANCES

Marquise si mon visage
A quelque traits un peu vieux,
Souvenez-vous qu'à mon âge
Vous ne vaudrez guère mieux.

Le temps aux plus belles choses
Se plaît à faire un affront,
Et saura faner vos roses
Comme il a ridé mon front.

Le même cours des planètes
Règle nos jours et nos nuits :
On m'a vu ce que vous êtes
Vous serez ce que je suis.

Cependant j'ai quelques charmes
Qui sont assez éclatants
Pour n'avoir pas trop d'alarmes
De ces ravages du temps.

Vous en avez qu'on adore ;
Mais ceux que vous méprisez
Pourraient bien durer encore
Quand ceux-là seront usés.

Ils pourront sauver la gloire
Des yeux qui me semblent doux,
Et dans mille ans faire croire
Ce qu'il me plaira de vous.

Chez cette race nouvelle,
Où j'aurai quelque crédit,
Vous ne passerez pour belle
Qu'autant que je l'aurai dit.

Pensez-y, belle Marquise.
Quoiqu'un grison fasse effroi,
Il vaut bien qu'on le courtise,
Quand il est fait comme moi.

Ô RAGE, Ô DÉSESPOIR...
(Le Cid. Extrait, acte I, scène 4)

Ô rage ! ô désespoir ! ô vieillesse ennemie !
N'ai-je donc tant vécu que pour cette infamie
Et ne suis-je blanchi dans les travaux guerriers
Que pour voir en un jour flétrir tant de lauriers ?
Mon bras, qu'avec respect toute l'Espagne admire,
Mon bras, qui tant de fois a sauvé cet empire,
tant de fois affermi le trône de son roi,
Trahit donc ma querelle, et ne fait rien pour moi ?
Ô cruel souvenir de ma gloire passée,
Œuvre de tant de jours en un jour effacée !
Nouvelle dignité, fatale à mon bonheur,
Précipice élevé d'où tombe mon honneur !
Faut-il de votre éclat voir triompher le Comte,
Et mourir sans vengeance ou vivre dans la honte ?
Comte, sois de mon prince à présent gouverneur :
Ce haut rang n'admet point un homme sans honneur
Et ton jaloux orgueil, par cet affront insigne,
Malgré le choix du Roi, m'en a su rendre indigne.
Et toi, de mes exploits glorieux inutile instrument,
Mais d'un corps tout de glace inutile ornement,
Fer, jadis tant à craindre, et qui dans cette offense
M'a servi de parade et non pas de défense,
Va, quitte désormais le dernier des humains,
Passe, pour me venger, en de meilleures mains.

ISAAC DE BENSERADE (1613-1691)

*Il se voulait d'abord auteur de tragédies inspirées, selon la mode de l'époque, de l'histoire antique – **La Mort d'Achille,** en 1637 –, mais c'est comme poète lyrique qu'Isaac de Benserade eut du succès dans les salons. Avant d'être élu, en 1674, à l'Académie française, il écrivit avec Molière et Lulli des livrets pour ballets.*

ÉPIGRAMME

Je mourrai de trop de désir,
Si je la trouve inexorable ;
Je mourrai de trop de plaisir,
Si je la trouve favorable.
Ainsi, je ne saurais guérir
De la douleur qui me possède ;
Je suis assuré de périr
Par le mal ou par le remède.

GÉDÉON TALLEMANT DES RÉAUX (1619-1690)

*Riche fils de banquier, Gédéon Tallemant des Réaux fréquenta l'hôtel de Rambouillet et la société mondaine de son siècle, dont il se fit le mémorialiste vif et habile dans ses **Historiettes,** œuvre énorme qui ne fut publiée qu'au XIXe siècle.*

LE LIS

Devant vous je perds la victoire
Que ma blancheur me fit donner,
Et ne prétends plus d'autre gloire
Que celle de vous couronner.

Le ciel, par un honneur insigne,
Fit choix de moi seule autrefois,
Comme de la fleur la plus digne
Pour faire un présent à nos rois.

Mais si j'obtenais ma requête
Mon sort serait plus glorieux
D'être monté sur votre tête
Que d'être descendu des cieux.

(Extrait de La Guirlande de Julie)

LOUIS XIII (1601-1643)

AMARYLLIS

Ô, que le ciel est gai,
Durant ce joli mois de mai..
Mais le printemps pâlit
Auprès d'Amaryllis !...
Mais que sont les lys
Auprès d'Amaryllis ?

Mais que vaut leur beauté,
En mon cœur attristé,
Quand des pleurs je lis
Aux yeux d'Amaryllis ?...
Mais que sont les lys
Auprès d'Amaryllis ?

De ces nouvelles fleurs,
L'aube va ranimer les pleurs
Mais que fait leur beauté
A mon cœur attristé,
Quand des pleurs je lis
Aux yeux d'Amaryllis ?

Le fils d'Henri IV et de Marie de Médicis, dit Louis XIII le juste taquinait lui aussi la muse, à l'instar d'un autre roi de France, François 1er. Il écrivit **Amaryllis,** *paroles et musique, en l'honneur de Marie de Hautefort, âgée de quatorze ans (Louis XIII en avait plus du double).*
Pour qu'elle reste à la Cour, il demanda à Anne d'Autriche, son épouse, d'en faire sa demoiselle d'honneur. Richelieu, inquiet de l'emprise que la jeune fille prenait sur le roi, commençait à intriguer, mais c'est Mademoiselle de Hautefort elle-même qui, par coquetterie et arrogance, ruina son crédit auprès de son souverain. La Cour mit elle aussi en vers cette amourette :

Hautefort la merveille
Réveille
Tous les sens de Louis,
Quand sa bouche
vermeille
Lui fait voir un souris

JEAN DE LA FONTAINE (1621-1695)

Jean de La Fontaine, l'enfant rêveur de Château-Thierry, commença des études de théologie pour finir avocat. Métier qu'il n'exerça jamais, préférant lire, chasser, et courir les aventures galantes. Maître des Eaux et Forêts, il s'occupa peu de sa charge, et après avoir dilapidé tous ses biens, il dût se chercher un protecteur. Ce fut Fouquet, mais sa disgrâce entraîna celle du poète. D'autant que Louis XIV, s'il avait trouvé les ***Fables*** *à son goût, n'appréciait pas les* ***Contes,*** *très libertins et, avec l'approbation de Colbert, vieil ennemi de Fouquet à la rancune tenace, lui refusait des pensions.*

Presque réduit à la misère, cet ami de Molière, Racine et Boileau eut la chance de rencontrer Mme de La Sablière, qui ouvrait son salon aux gens d'esprit. Une tendre amitié les unit pendant vingt ans. La mort de son amie, en 1693, laissa le poète, devenu Académicien, en plein désarroi. Tombé malade, il s'éteignit deux ans plus tard. Le libertin était devenu dévot, et portait, sous ses vêtements, un cilice qui lui écorchait la peau.

SŒUR JEANNE

Sœur Jeanne ayant fait un poupon,
Jeûnait, vivait en sainte fille,
Toujours était en oraison ;
Et toujours ses Sœurs à la grille.
Un jour donc l'Abbesse leur dit :
« Vivez comme Sœur Jeanne vit ;
Fuyez le monde et sa séquelle. »
Toutes reprirent à l'instant :
« Nous serons aussi sages qu'elle
Quand nous en aurons fait autant. »

LES DEUX PIGEONS
(Extrait)

Amants, heureux amants, voulez-vous voyager ?
Que ce soit aux rives prochaines.
Soyez-vous l'un à l'autre un monde toujours beau,
Toujours divers, toujours nouveau ;
Tenez-vous lieu de tout, comptez pour rien le reste.
J'ai quelquefois aimé ; je n'aurais pas alors,
Contre le Louvre et ses trésors,
Contre le firmament et sa voûte céleste,
Changé les bois, changé les lieux
Honorés par les pas, éclairés par les yeux
De l'aimable et jeune Bergère
Pour qui, sous le fils de Cythère,
Je servis, engagé par mes premiers serments.
Hélas ! quand reviendront de semblables moments ?
Faut-il que tant d'objets si doux et si charmants
Me laissent vivre au gré de mon âme inquiète ?
Ah ! si mon cœur osait encore se renflammer !
Ne sentirai-je plus de charme qui m'arrête ?
Ai-je passé le temps d'aimer ?

ÉPITAPHE D'UN PARESSEUX

Jean s'en alla comme il était venu,
Mangea le fonds avec le revenu,
Tint les trésors chose peu nécessaire.
Quant à son temps, bien le sut dispenser :
Deux parts en fit, dont il soulait passer
L'une à dormir et l'autre à ne rien faire.

LE LABOUREUR ET SES ENFANTS

Travaillez, prenez de la peine :
C'est le fonds qui manque le moins.
Un riche laboureur, sentant sa mort prochaine,
Fit venir ses enfants, leur parla sans témoins.
« Gardez-vous, leur dit-il, de vendre l'héritage,
Que nous ont laissé nos parents.
Un trésor est caché dedans.
Je ne sais pas l'endroit; mais un peu de courage
Vous le fera trouver, vous en viendrez à bout.
Remuez votre champ dès qu'on aura fait l'août.
Creusez, fouillez, bêchez, ne laissez nulle place
Où la main ne passe et repasse ».
Le père mort, les fils vont retourner le champ,
Deçà, delà, partout; si bien qu'au bout de l'an
Il en rapporta davantage.
D'argent, point de caché. Mais le père fut sage
de leur montrer, avant sa mort,
Que le travail est un trésor.

LA VÉNUS CALLIPYGE

Du temps des Grecs deux sœurs disaient avoir
Aussi beau cul que filles de leur sorte;
La question ne fut que de savoir
Quelle les deux dessus l'autre l'emporte.
Pour en juger un expert étant pris,
A la moins jeune il accorde le prix,
Puis, l'épousant, lui fait don de son âme;
A son exemple un sien frère est épris
De la cadette, et la prend pour sa femme.
Tant fut entre eux à la fin procédé,
Que par les sœurs un Temple fut fondé
Dessous le nom de Vénus belle fesse.
Je ne sais pas à quelle intention;
Mais c'eut été le Temple de la Grèce
Pour qui j'eusse eu plus de dévotion.

CHANSON POPULAIRE

AUX MARCHES DU PALAIS

Aux marches du palais
y'a une tant belle fille

Elle a tant d'amoureux
qu'elle ne sait lequel prendre

C'est un p'tit cordonnier
qu'a eu sa préférence

C'est en la lui chaussant
qu'il lui fit sa demande

La belle si tu voulais
nous dormirions ensemble

Dans un grand lit carré
orné de taies blanches

Aux quatre coins du lit
quatr' bouquets de pervenches

Dans le mitan du lit
la rivière est profonde

Tous les chevaux du Roi
pourraient y boire ensemble

Et nous y dormirions
jusqu'à la fin du monde...

CHARLES PERRAULT (1628-1703)

Le 12 janvier 1628, à Paris, naît Charles Perrault dans une famille janséniste de la bourgeoisie parlementaire. Il a quatre frères, dont deux deviendront aussi célèbres que lui. Dès son entrée, à 8 ans, au Collège de Beauvais, où l'on ne parle et n'écrit qu'en latin, il se révèle un élève très doué, capable de composer des poésies latines si brillantes que ses professeurs le soupçonnent de ne pas en être l'auteur. A 15 ans il quitte le Collège pour, pendant quatre ans, étudier, seul, la Bible, l'Histoire de France et les auteurs latins. En 1651, après sa licence de droit, il est nommé avocat. Mais au Palais de Justice, il préfère les salons où il brille par son esprit et ses facilités d'écriture.

En 1663, Colbert, qui l'a remarqué, l'engage comme commis. Pendant environ vingt ans, il va être une sorte de ministre de la culture, distribuant les pensions aux artistes et écrivains, supervisant tout ce qui contribue à la gloire du Roi-Soleil.

L'Académie française – dont il modifie les règlements afin qu'elle soit mieux contrôlée par le pouvoir–l'accueille en 1671 parce qu'il est un personnage officiel. Célibataire endurci, il épouse, à 44 ans, Marie Guichon, de vingt-six ans sa cadette. En cinq ans, ils auront quatre enfants. Ses maternités rapprochées épuisent la jeune femme, qui meurt en 1678. Charles Perrault s'occupe seul de l'éducation de ses enfants, libéré de sa charge : en 1680, il a perdu la confiance de Colbert, qui a nommé à sa place son propre fils.

Il entreprend la rédactions de ses ***Mémoires*** *et d'une épopée chrétienne en six chants,* ***Saint-Paulin.*** *La mode est alors aux contes de fées. Pour distraire son fils Pierre, enfant violent difficile à éduquer, Charles Perrault rassemble, en les rendant plus vivantes, ces histoires merveilleuses que, depuis des siècles, on se raconte à la veillée. Les* ***Contes de ma mère l'Oye*** *ont un succès immédiat mais Charles Perrault, craignant pour sa réputation, n'ose avouer en être l'auteur. Son fils Pierre, 19 ans, tue un jeune voisin lors d'une querelle. Il part aux armées, et meurt au champ d'honneur trois ans plus tard, en 1700. Brisé par cet accident, Charles Perrault continue ses* ***Mémoires,*** *tout en se détachant progressivement du monde. Le 16 mai 1703, il s'éteint à Paris, à l'âge de 75 ans.*

PEAU D'ÂNE (*extrait*)

L'essai fut commencé par les jeunes princesses,
Les marquises et les duchesses ;
Mais leurs doigts quoique délicats
Étaient trop gros et n'entraient pas.
Les comtesses et les baronnes
Et toutes les nobles personnes
Comme elles tour à tour présentèrent la main
Et la présentèrent en vain.

Ensuite vinrent les grisettes
Dont les jolis et menus doigts,
Car il en est de très bien faites,
Semblèrent à l'anneau s'ajuster quelquefois.
Mais la bague toujours trop petite ou trop ronde,
D'un dédain presque égal rebutait tout le monde.

Il fallut en venir enfin
Aux servantes, aux cuisinières,
Aux tortillons, aux dondonnières,
En un mot à tout le fretin
Dont les rouges et noires pattes,
Non moins que les mains délicates,
Espéraient un heureux destin.
Il s'y présenta mainte fille
Dont le doigt gros et ramassé
Dans la bague du prince eût aussi peu passé
Qu'un câble au travers d'une aiguille.

On crut enfin que c'était fait,
Car il ne restait en effet
Que la pauvre Peau d'Âne au fond de la cuisine ;
Mais comment croire, disait-on,
Qu'à régner le Ciel la destine !
Le prince dit : Et pourquoi non ?
Qu'on la fasse venir. Chacun se prit à rire,
Criant tout haut : que veut-on dire,

De faire entrer ici cette salle guenon !
Mais lorsqu'elle tira de dessous sa peau noire
Une petite main qui semblait de l'ivoire
Qu'un peu de pourpre a coloré,
Et que de la bague fatale
D'une justesse sans égale
Son petit doigt fut entouré,
La Cour fut dans une surprise
Qui ne peut pas être comprise.
On la menait au roi dans ce transport subit ;
Mais elle demanda qu'avant de comparaître
Devant son seigneur et son maître,
On lui donnât le temps de prendre un autre habit.
De cet habit, pour la vérité dire,
De tous côtés on s'apprêtait à rire,
Mais lorsqu'elle arriva dans les appartements
Et qu'elle eut traversé les salles
Avec ses pompeux vêtements
Dont les riches beautés n'eurent jamais d'égales,
Que ses aimables cheveux blonds
Mêlés de diamants dont la vive lumière
En faisait autant de rayons,
Que ses yeux bleus, grands, doux et longs,
Qui pleins d'une majesté fière
Ne regardent jamais sans plaire et sans blesser,
Et que sa taille enfin si menue et si fine
Qu'avec les deux mains on eût pu l'embrasser,
Montrèrent leurs appas et leurs grâce divine,
Des dames de la cour et de leurs ornements
Tombèrent tous les agréments.
Dans la joie et le bruit de toute l'assemblée
Le bon roi ne se sentait pas
De voir sa bru posséder tant d'appas,
La reine en était affolée
Et le prince son cher amant,
de cent plaisirs l'âme comblée,
Succombait sous le poids de son ravissement.

RACINE (1639-1699)

Jean Racine naît le 22 décembre 1639 à la Ferté-Milon, dans une famille janséniste. Sa mère meurt peu après sa naissance. Son père, qui est percepteur des impôts, se remarie. A sa mort, en 1643, sa veuve se retire à l'abbaye janséniste de Port-Royal, en même temps qu'une tante de Jean, Agnès, qui deviendra abbesse, et que sa grand-mère maternelle, qui l'a recueilli. A 10 ans, Jean Racine est admis aux Petites Écoles de Port-Royal où, il aura pour maîtres en langues anciennes et en logique des érudits jansénistes. Éducation rigoureuse qui pèse sur cet élève brillant. Il peut enfin s'échapper de Port-Royal en allant faire sa « philosophie » à Paris. Il y rencontre son cousin La Fontaine, et s'intéresse au théâtre et à la poésie, préfère, au grand désarroi de sa rigoureuse famille, le libertinage à l'étude des Saintes Écritures.

*La troupe de Molière joue sa première pièce en 1664. Il entretient une liaison avec l'actrice Marquise Du Parc (dont Corneille était lui aussi amoureux) et se voit couronner, en 1668, par les succès d'**Andromaque,** et des **Plaideurs.** Louis XIV, qui l'apprécie, le pensionne. Ses tragédies sont des triomphes.*

En 1673, il entre à l'Académie française. En 1677, l'année de Phèdre, il se réconcilie avec Port-Royal, épouse, sous la pression du roi, qui aimerait que son poète favori se range, Catherine de Romanet, et devient, avec son ami Boileau, historiographe du roi, charge habituellement interdite aux roturiers. Catherine de Romanet, issue d'un milieu bourgeois, va lui donner sept enfants. Sa discrétion est telle que jamais elle n'ira voir les pièces de son époux, ni ne se montrera à Versailles. (Elle mourra en 1730, à l'âge de 80 ans.)

A Versailles, on envie ce bourgeois qui est le seul à entrer librement au lever du roi, et à qui Louis XIV demande de coucher dans sa chambre, lors de ses insomnies. Racine lui déclame alors des extraits de ses pièces. Pourtant cet homme comblé, que Louis XIV a nommé gentilhomme ordinaire, subit, en 1698, la disgrâce de son monarque qui lui reproche de s'être rapproché des jansénistes.

Racine tombe malade. Le 7 janvier 1699, il assiste, épuisé, au mariage de la seule de ses cinq filles qui ne soit pas devenue religieuse. Nul n'ignore qu'il est atteint d'une tumeur au foie. Le roi fait parfois prendre de ses nouvelles. Boileau l'assiste dans sa longue agonie. Il s'éteint le 21 avril 1699, à 59 ans.

LE SAMEDI, A LAUDES

L'aurore brillante et vermeille
Prépare le chemin au soleil qui la suit;
Tout rit aux premiers traits du jour qui se réveille :
Retirez-vous, démons, qui volez dans la nuit.

Fuyez, songes, troupe menteuse,
Dangereux ennemis par la nuit enfantés,
Et que fuie avec vous la mémoire honteuse
Des objets qu'à nos sens vous avez présentés.

Chantons l'auteur de la lumière,
Jusqu'au jour où son ordre a marqué notre fin,
Et qu'en le bénissant notre aurore dernière
Se perdre en un midi sans soir et sans matin.

Gloire à toi, Trinité profonde,
Père, Fils, Esprit saint : qu'on t'adore toujours,
Tant que l'astre des temps éclairera le monde,
Et quand les siècles même auront fini leurs cours !

Racine,
portrait
anonyme

MON MAL VIENT DE PLUS LOIN...

(***Phèdre*** *– Extrait acte I scène 3*)

Mon mal vient de plus loin. A peine au fils d'Égée
Sous les lois de l'hymen je m'étais engagée,
Mon repos, mon bonheur semblait être affermi ;
Athènes me montra mon superbe ennemi.
Je le vis, je rougis, je pâlis à sa vue ;
Un trouble s'éleva dans mon âme éperdue ;
Mes yeux ne voyaient plus, je ne pouvais parler ;
Je sentis tout mon corps et transir et brûler.
Je reconnus Vénus et ses feux redoutables,
D'un sang qu'elle poursuit tourments inévitables.
Par des vœux assidus je crus les détourner :
Je lui bâtis un temple, et pris soin de l'orner ;
De victimes moi-même à toute heure entourée,
Je cherchais dans leurs flancs ma raison égarée :
Quand ma bouche implorait le nom de la déesse,
J'adorais Hippolyte ; et le voyant sans cesse,
Même au pied des autels que je faisais fumer,
J'offrais tout à ce dieu que je n'osais nommer.

Je ne vous ferai point des reproches frivoles :
Les moments sont trop chers pour les perdre en paroles.
Mes soins vous sont connus : en un mot, vous vivez,
Et je ne vous dirais que ce que vous savez.
Malgré tout mon amour, si je n'ai pu vous plaire,
Je n'en murmure point ; quoiqu'à ne vous rien taire,
Ce même amour peut-être, et ces mêmes bienfaits,
Auraient dû suppléer à mes faibles attraits.
Mais je m'étonne enfin que, pour reconnaissance,
Pour prix de tant d'amour, de tant de confiance,
Vous ayez si longtemps, par des détours si bas,
Feint un amour pour moi que vous ne sentiez pas

(Extrait de Bajazet)

CHANSON POPULAIRE (XVIIe SIÈCLE)

LE ROI A FAIT BATTRE TAMBOUR

Le Roi a fait battre tambour
Pour voir toutes ces dames
Et la première qu'il a vue
Lui a ravi son âme.
Marquis dis-moi, la connais-tu ?
Qui est cett' jolie dame ?
Le Marquis lui a répondu :
Sire Roi, c'est ma femme.
Marquis tu es plus heureux qu'moi
D'avoir femme si belle,
Si tu voulais me l'accorder,
Je me chargerais d'elle.
Sire, si vous n'étiez pas le Roi,
J'en tirerais vengeance,
Mais puisque vous êtes le Roi,
A votre obéissance.
Marquis ne te fâche donc pas
T'auras ta récompense,
Je te ferai dans mes armées,
Beau Maréchal de France.
Adieu ma mie, adieu mon cœur,
Adieu mon espérance,
Puisqu'il te faut servir le Roi,
Séparons-nous d'ensemble.
La reine a fait faire un bouquet
De jolies fleurs de lyse
Et la senteur de ce bouquet,
A fait mourir Marquise.

XVIIIe SIÈCLE

VOLTAIRE (1694-1778)

François-Marie Arouet, dit Voltaire, fils d'un notaire qui lui laissera une grande fortune, avait, entre autres dons, celui de l'impertinence, ce qui lui vaudra incarcération en Bastille, succès mondains et exils. Après un séjour en Angleterre, il devient l'amant de Mme du Châtelet, l'amie des philosophes, qu'il surnomme « la divine Émilie ».
Considéré déjà comme le plus grand écrivain de son temps, protégé par la marquise de Pompadour, il est élu à l'Académie française, mais il reperd la faveur royale en même temps que l'accable la mort brutale de Mme du Châtelet.
Il gagne Berlin où l'accueille l'empereur Frédéric II de Prusse, qui se veut son disciple, mais doit quitter précipitamment les terres allemandes trois ans plus tard, après une brouille avec le monarque. Installé à Ferney, à proximité de la frontière suisse, Voltaire va, jusqu'à la fin de sa vie, multiplier les pamphlets, les poèmes philosophiques, et prendre la défense des opprimés.
En 1778, il accepte de revenir à Paris où il reçoit un accueil triomphal. Épuisé, il meurt le 30 mai, à l'âge de 84 ans.

À MADAME DU CHATELET

Si vous voulez que j'aime encore,
Rendez-moi l'âge des amours ;
Au crépuscule de mes jours
Rejoignez, s'il se peut, l'aurore.

Des beaux lieux où le dieu du vin
Avec l'Amour tient son empire,
Le temps, qui me prend par la main,
M'avertit que je me retire.

De son inflexible rigueur
Tirons au moins quelque avantage,
Qui n'a pas l'esprit de son âge,
De son âge a tout le malheur.

Laissons à la belle jeunesse
Ses folâtres emportements.
Nous ne vivons que deux moments :
Qu'il en soit un pour la sagesse.

Quoi ! pour toujours vous me fuyez,
Tendresse, illusion, folie,
Dons du ciel, qui me consoliez
Des amertumes de la vie !

On meurt deux fois, je le vois bien ;
Cessez d'aimer et d'être aimable,
C'est une mort insupportable ;
Cesser de vivre, ce n'est rien.

Ainsi je déplorais la perte
Des erreurs de mes premiers ans ;
Et mon âme, aux désirs ouverte,
Regrettait ses égarements,

Du ciel alors daignant descendre,
L'Amitié vint à mon secours ;
Elle était peut-être aussi tendre,
Mais moins vive que les Amours.

Touché de sa beauté nouvelle,
Et de sa lumière éclairé,
Je la suivis ; mais je pleurai
De ne pouvoir plus suivre qu'elle.

CHANSON POPULAIRE

LA BELLE EST AU JARDIN D'AMOUR

La belle est au jardin d'amour,
Voilà un mois ou six semaines,
Son père la cherche partout
Et son amant qu'en est en peine.
Faut demander à ce berger
S'il l'a vue dans la plaine.
– Berger, berger, n'as-tu point vu
Passer ici la beauté même ?
– Comment est-elle donc vêtue ?
Est-ce de soie ou bien de laine ?
– Elle est vêtue de satin blanc
Dont la doublure est de futaine.
– Elle est là-bas dans ce vallon,
Assise au bord d'une fontaine ;
Entre ses mains tient un oiseau,
La belle lui conte ses peines.
– Petit oiseau tu es heureux
D'être entre les mains de ma belle !
Et moi qui suis son amoureux,
Je ne puis pas m'approcher d'elle.
– Faut-il être auprès du ruisseau,
Sans pouvoir boire à la fontaine ?
– Buvez mon cher amant, buvez,
Car cette eau-là est souveraine.
– Faut-il être auprès du rosier,
Sans en cueillir la rose ?
– Cueillez, mon cher amant, cueillez,
Car c'est pour vous qu'elle est éclose.

JEAN-PIERRE CLARIS DE FLORIAN (1755-1794)

Parent par alliance de Voltaire, Cévenol d'origine, Florian fut lieutenant-colonel des armées royales, poète, auteur de comédies, et fabuliste. Il fut aussi le traducteur de Cervantès. Cet Académicien, qui échappa de peu à l'échafaud révolutionnaire, écrivait aussi en langue d'oc.
Certaines fables de cet auteur spirituel qui, derrière La Fontaine, est notre second fabuliste, ont traversé le temps.
*Ce **Plaisir d'amour** a été fréquemment repris par des musiciens et des chanteurs.*

PLAISIR D'AMOUR

Plaisir d'amour ne dure qu'un moment,
Chagrin d'amour dure toute la vie.

J'ai tout quitté pour l'ingrate Sylvie,
Elle me quitte et prend un autre amant...

Plaisir d'amour ne dure qu'un moment,
Chagrin d'amour dure toute la vie.

Tant que cette eau coulera doucement
Vers ce ruisseau qui borde la prairie,
Je t'aimerai, me répétait Sylvie :
L'eau coule encore, elle a changé pourtant !

Plaisir d'amour ne dure qu'un moment,
Chagrin d'amour dure toute la vie.

LE GRILLON

Un pauvre petit grillon
Caché dans l'herbe fleurie,
Regardait un papillon
Voltigeant dans la prairie.
L'insecte aillé brillait des plus vives couleurs ;
L'azur, la pourpre et l'or éclataient sur ses ailes ;
Jeune, beau, petit maître, il court de fleurs en fleurs,
Prenant et quittant les plus belles.
Ah ! disait le grillon, que son sort et le mien
Sont différents ! Dame nature
Pour lui fit tout, et pour moi rien.
Je n'ai point de talent, encor moins de figure.
Nul ne prend farde à moi, l'on m'ignore ici-bas :
Autant vaudrait n'exister pas.
Comme il parlait, dans la prairie
Arrive une troupe d'enfants :
Aussitôt les voilà courants
Après ce papillon dont ils ont tous envie.
Chapeaux, mouchoirs, bonnets, servent à l'attraper ;
L'insecte vainement cherche à leur échapper,
Il devient bientôt leur conquête.
L'un le saisit par l'aile, un autre par le corps ;
Un troisième survient, et le prend par la tête ;
Il ne fallait pas tant d'efforts
Pour déchirer la pauvre bête.
Oh ! oh ! dit le grillon, je ne suis plus fâché ;
Il en coûte trop cher pour briller dans le monde.
Combien je vais aimer ma retraite profonde !
Pour vivre heureux, vivons caché.

ANDRÉ CHENIER (1762-1794)

Né à Constantinople d'un père consul de France et d'une mère grecque, André Chénier fait ses études en France, d'abord à Carcassonne, puis au Collège de Navarre, établissement réputé, parmi les jeunes nobles. Comme eux, il veut faire carrière dans les armes mais, s'étant ennuyé ferme après une année de garnison à Strasbourg, il revient à Paris hanter les salons, où son charme ne laisse pas indifférent ses hôtesses, avec l'espoir de se faire un nom dans la littérature.

Afin de le consoler d'amours malheureuses, ses amis le font voyager en Suisse, puis en Italie. En 1787, il part à Londres comme secrétaire de l'ambassadeur de France. Il s'y ennuie et prend un congé pour, en 1789, venir assister aux premières journées révolutionnaires. A l'enthousiasme succède l'inquiétude, devant les excès dont il est le témoin. Pamphlétaire de talent, il s'en prend violemment à Robespierre et aux organisateurs de la Terreur, qui ne le lui pardonneront pas, tandis que son frère Marie-Joseph, auteur du **Chant du départ**, *devient le chantre de l'ardeur républicaine.*

Recherché pendant la Terreur (n'a-t-il pas osé écrire un poème à la gloire de Charlotte Corday, qui a assassiné Marat!) André Chénier, qui s'est réfugié à Versailles, est arrêté alors qu'il venait rendre visite à Passy à la famille d'un ami emprisonné. Enfermé à la prison de Saint-Lazare, où il s'éprend de Mlle de Coigny, La jeune Captive (qui survivra), il fait sortir les poèmes qu'il rédige sur des morceaux de papier dans des corbeilles à linge.

Durant son procès, instruit par des illettrés, Chénier, fort de son innocence, refuse de se défendre. Il est condamné à mort, victime de cette justice expéditive qu'il a dénoncée. Ce poète qu'on assassine à trente-deux ans monte sur l'échafaud en récitant des vers de Racine. Il y précède de deux jours son ennemi Robespierre.

Son œuvre n'est publiée qu'une vingtaine d'années après.

ABEL, DOUX CONFIDENT...

Abel, doux confident de mes tendres mystères,
Vois, mai nous a rendu nos courses solitaires.
Viens à l'ombre écouter mes nouvelles amours ;
Viens. Tout aime au printemps, et moi j'aime toujours.
Tant que du sombre hiver dura le froid empire,
Tu sais que l'aquilon s'unit avec ma lyre.
Ma Muse aux durs glaçons ne livre point ses pas ;
Délicate, elle tremble à l'aspect des frimas,
Et près du pur foyer, cachée en sa retraite,
Entend les vents mugir, et sa voix est muette.
Mais sitôt que Procné ramène les oiseaux,
Dès qu'au riant murmure et des bois et des eaux
Les champs ont revêtu leur robe d'hyménée,
A ses caprices vains sans crainte abandonnée,
Elle renaît ; sa voix a retrouvé des sons ;
Et comme la cigale, amante des buissons,
De rameaux en rameaux tour à tour reposée,
D'un peu de fleur nourrie et d'un peu de rosée,
S'égaye, et des beaux jours prophète harmonieux,
Aux chants du laboureur mêle son chant joyeux ;
Ainsi, courant partout sous les nouveaux ombrages,
Je vais chantant Zéphyr, les nymphes, les bocages,
Et les fleurs du printemps et leurs riches couleurs,
Et mes belles amours, plus belles que les fleurs.

MON BEAU VOYAGE ENCORE...
(Extrait)

Mon beau voyage encore est si loin de sa fin !
Je pars, et des ormeaux qui bordent le chemin
J'ai passé les premiers à peine.
Au banquet de la vie à peine commencé
Un instant seulement mes lèvres ont pressé
La coupe en mes mains encore pleine.

Je ne suis qu'au printemps. Je veux voir la moisson,
Et comme le soleil, de saison en saison,
Je veux achever mon année.
Brillante sur ma tige et l'honneur du jardin,
Je n'ai vu luire encore que les feux du matin,
Je veux achever ma journée...

COMME UN DERNIER RAYON...

Comme un dernier rayon, comme un dernier zéphyre
Anime la fin d'un beau jour,
Au pied de l'échafaud j'essaye encor ma lyre.
Peut-être est-ce bientôt mon tour;
Peut-être avant que l'heure en cercle promenée
Ait posé sur l'émail brillant,
Dans les soixante pas où sa route est bornée,
Son pied sonore et vigilant,
Le sommeil du tombeau pressera ma paupière;
Avant que de ses deux moitiés
Ce vers que je commence ait atteint la dernière,
Peut-être en ces murs effrayés
Le messager de mort, noir recruteur des ombres,
Escorté d'infâmes soldats,
Ébranlant de mon nom les longs corridors sombres,
Où seul dans la foule à grands pas
J'erre, aiguisant ces dards persécuteurs du crime,
De juste trop faibles soutiens,
Sur mes lèvres soudain va suspendre la rime;
Et chargeant mes bras de liens,
Me traîner, amassant en foule à mon passage
Mes tristes compagnons reclus,
Qui me connaissaient tous avant l'affreux message,
Mais qui ne me connaissent plus...

CHANSON POPULAIRE

À LA CLAIRE FONTAINE

En revenant de noces,
j'étais bien fatiguée,
Au bord d'une fontaine,
je me suis reposée.

Et l'eau était si claire,
que je m'y suis baignée ;
A la feuille de chêne,
je me suis essuyéc.

Sur la plus haute branche
un rossignol chantait :
Chante, rossignol chante,
toi qui as le cœur gai !
Tu as le cœur à rire,
moi je l'ai à pleurer.
C'est de mon ami Pierre,
qui ne veut plus m'aimer,

Pour un bouton de rose
que je lui refusai.
Je voudrais que la rose
fut encore au rosier.

Et que le rosier même,
à la mer fut jeté,
Et que mon ami Pierre,
fut encor à m'aimer.

DONATIEN-ALPHONSE-FRANÇOIS MARQUIS DE SADE (1740-1814)

Sade naît à Paris le 2 juin 1740, descendant d'aristocrates de Provence. A 15 ans, sous-lieutenant, il participe à la guerre de Sept ans. Il y brille par son courage, mais aussi par son goût pour la débauche. Le 17 mai 1763, il se marie mais ne s'en assagit pas pour autant et fait son premier séjour en prison pour « débauches outrées ». En 1772, accusé d'empoisonnement (il a distribué, lors d'une orgie, des dragées aphrodisiaques à des prostituées) il doit s'enfuir en Savoie. Condamné à mort par contumace, il est arrêté cinq ans plus tard, à Paris où il était venu régler ses affaires à la suite du décès de sa mère.

Il va passer douze années à Vincennes, et à la Bastille, écrivant pièces de théâtre et romans pour tromper son ennui. Il recouvre la liberté en 1790. Pour survivre, il cherche à faire jouer ses pièces. Justine ou les malheurs de la vertu *est publié anonymement en 1791. Fin 1793, il est condamné à mort. Oublié dans sa geôle à la suite d'une erreur, il est libéré en octobre 1794.*

Vivant chichement de ses écrits – il publie en 1795 La Philosophie dans le boudoir, Aline et Valcour, La nouvelle Justine et Juliette. *En 1801, la police saisit ses ouvrages. Sans jugement, il est enfermé dans l'asile de fous de Charenton. Il va, malgré ses protestations, y mourir le 1er décembre 1814. Sur ses 74 années de vie, il en aura passées 30 en prison. Ses descendants refuseront de porter le titre de marquis, et il faudra attendre le XXe siècle pour que son œuvre soit réhabilitée.*

ÉPITAPHE

Passant,
Agenouille-toi pour prier
Près du plus malheureux des hommes.
Il naquit au siècle dernier
Et mourut au siècle où nous sommes.

Le despotisme au front hideux
En tous les temps lui fit la guerre
Sous lès rois ce monstre odieux
S'empara de sa vie entière.

Sous la Terreur il reparaît
Et met Sade au bord de l'abîme.
Sous le Consulat il renaît.

XIXe SIÈCLE

FRANÇOIS-RENÉ DE CHATEAUBRIAND (1768-1848)

Né à Saint-Malo dans une famille de vieille aristocratie bretonne de dix enfants (il est le dernier), il est, à la veille de la Révolution, officier de marine.
Par passion de la géographie, il s'embarque en 1791 pour l'Amérique qu'il va parcourir, ébloui par les grands espaces vierges. Revenu en France un an plus tard, il se marie et combat avec les émigrés contre les Révolutionnaires, avant de se réfugier à Londres, où il survit sept ans en donnant des leçons de français et en rédigeant ***Atala*** *et l'esquisse du* ***Génie du christianisme.***
Revenu en France en 1800, il commence une carrière diplomatique à Rome mais démissionne après l'assassinat du duc d'Enghien (1806), et part pour l'Orient. A son retour, il n'hésite pas, dans ses écrits, à s'attaquer à Napoléon Ier.
A la chute de ce dernier, devenu pair de France, il devient chef de file des Ultras et sera ambassadeur, et ministre des Affaires étrangères. En 1830, il refuse son soutien aux Bourbons et cesse ses activités politiques, se consacrant à l'écriture, et notamment aux ***Mémoires d'Outre-Tombe*** *qui ont fait la gloire de ce grand écrivain, précurseur du romantisme, à l'imagination puissante, et au style éclatant.*
C'est à partir d'une bourrée, entendue en Auvergne en 1805, que Chateaubriand écrivit ce poème qu'il inséra, plus tard, dans ***Le dernier des Abencérages.***

COMBIEN J'AI DOUCE SOUVENANCE

Combien j'ai douce souvenance
Du joli lieu de ma naissance...
Ma sœur, qu'ils étaient beaux, les jours de France !...
Ô, mon pays, sois mes amours,
Toujours...

Te souvient-il que notre mère,
Au foyer de notre chaumière,
Nous pressait sur son cœur joyeux, ma chère ?...
Et nous baisions ses blancs cheveux,
Tous deux...

Ma sœur, te souvient-il encore
Du château que baignait la Dore
Et de cette tant vieille tour du Maure
Où l'airain sonnait le retour
Du jour ?...

Te souvient-il du lac tranquille
Qu'effleurait l'hirondelle agile,
Du vent qui courbait le roseau mobile,
Et du soleil marchant sur l'eau,
Si beau ?...

Oh !... Qui me rendra mon Hélène,
Et ma montagne et le grand chêne ?...
Leur souvenir fait tous les jours ma peine...
Mon pays sera mes amours,
Toujours...

PIERRE-JEAN DE BÉRANGER (1780-1857)

Élevé par une tante dans une auberge de Paris, où il est né, Pierre-Jean de Béranger, après avoir été commis de banque, devient chansonnier. De la poésie il passe à la satire politique, ce qui lui vaut, sous la Restauration, en 1821 et en 1828, des séjours en prison. Ce libéral contribua à propager la légende napoléonienne ; il cessa d'écrire en 1833.
Sa verve, son esprit voltairien et son humanité sincère ainsi qu'une sentimentalité particulière à son époque le firent considérer, en son temps, comme l'un des plus grands : Stendhal le comparait à Gœthe et à Lamartine, Sainte-Beuve l'estimait. Il mourut à Paris en 1857.

MA GRAND-MÈRE

Ma grand-mère un soir à sa fête,
De vin pur ayant bu deux doigts,
Nous disait en branlant la tête :
Que d'amoureux j'eus autrefois !

Refrain
Combien je regrette
Mon bras si dodu
Ma jambe bien faite
Et le temps perdu !

Maman, vous aviez le cœur tendre ?
–Oui, si tendre, qu'à dix-sept ans,
Lindor ne se fit pas attendre,
Et qu'il n'attendit pas longtemps.

Refrain

Maman, Lindor savait-il donc plaire ?
–Oui, seul il me plut quatre mois ;
Mais bientôt j'estimai Valère,
Et fis deux heureux à la fois.

Refrain

Quoi ! maman, deux amants ensemble !
–Oui, mais chacun d'eux me trompa.
Plus fine alors qu'il ne vous semble
J'épousai votre grand-papa.

Refrain

Maman, lui fûtes-vous fidèle ?
–Oh ! sur cela je me tais bien,
A moins qu'à lui Dieu ne m'appelle,
Mon confesseur n'en saura rien.

Refrain

Comme vous, maman, faut-il faire ?
–Eh ! mes petits-enfants, pourquoi,
Quand j'ai fait comme ma grand-mère,
Ne feriez-vous pas comme moi ?

Refrain
Combien je regrette
Mon bras si dodu
Ma jambe bien faite
Et le temps perdu !

LA BONNE VIEILLE

Vous vieillirez, ô ma belle maîtresse !
Vous vieillirez, et je ne serai plus.
Pour moi le temps semble, dans sa vitesse,
Compter deux fois les jours que j'ai perdus.
Suivez-moi donc ; mais que l'âge pénible
Vous trouve encor fidèle à mes leçons ;
Et bonne vieille, au coin d'un feu paisible,
De votre ami répétez les chansons.

Lorsque les yeux chercheront sous vos rides
Les traits charmants qui m'auront inspiré,
Des doux récits les jeunes gens avides
Diront : Qucl fut cct ami tant pleuré ?
De mon amour peignez, s'il est possible,
L'ardeur, l'ivresse, et même les soupçons ;
Et bonne vieille, au coin d'un feu paisible,
De votre ami répétez les chansons...

Vous que j'appris à pleurer sur la France,
Dites surtout aux fils des nouveaux preux
Que j'ai chanté la gloire et l'espérance
Pour consoler mon pays malheureux.
Rappelez-leur que l'aquilon terrible
De nos lauriers a détruit vingt moissons ;
Et bonne vieille, au coin d'un feu paisible,
De votre ami répétez les chansons.

Objet chéri, quand mon renom futile
De vos vieux ans charmera les douleurs ;
A mon portrait, quand votre main débile,
Chaque printemps, suspendra quelques fleurs,
Levez les yeux vers ce monde invisible
Où pour toujours nous nous réunissons ;
Et bonne vieille, au coin d'un feu paisible,
De votre ami répétez les chansons.

MARCELINE DESBORDES VALMORE (1786-1859)

Née à Douai, fille d'un peintre en armoiries ruiné par la Révolution, Marceline Desbordes-Valmore, avant d'être poétesse, fut actrice. Dès son enfance, elle joua des rôles d'ingénue, avant de tenter de faire carrière comme chanteuse d'opéra, puis de revenir à la comédie.
Elle fait paraître ses premiers vers en 1806, et rencontre « Olivier », son grand amour malheureux, dont elle aura un fils. En 1817, elle épouse le comédien Valmore. Trois enfants naîtront de ce couple obligé de courir la France des tréteaux pour fuir une misère permanente.
Ayant abandonné la scène pour se consacrer à ses enfants et à son œuvre poétique, elle aura la douleur de voir mourir ses deux filles. Après une période de célébrité, sa notoriété sera éclipsée par deux gloires montantes de la poésie : Lamartine et Hugo.

LES ROSES DE SAADI

J'ai voulu ce matin te rapporter des roses ;
Mais j'en avais tant pris dans mes ceintures closes
Que les nœuds trop serrés n'ont pu les contenir.

Les nœuds ont éclaté. Les roses envolées
Dans le vent, à la mer s'en sont toutes allées,
Elles ont suivi l'eau pour ne plus revenir.

La vague en a paru rouge et comme enflammée,
Ce soir, ma robe en est toute embaumée...
Respires-en sur moi l'odorant souvenir.

LA LUNE DES FLEURS

Douce lune des fleurs, j'ai perdu ma couronne !
Je ne sais quel orage a passé sur ces bords.
Des chants de l'espérance il éteint les accords,
Et dans la nuit qui m'environne,
Douce lune des fleurs, j'ai perdu ma couronne !

Jette-moi tes présents, lune mystérieuse,
De mon front qui pâlit ranime les couleurs ;
J'ai perdu ma couronne et j'ai trouvé des pleurs ;
Loin de la foule curieuse,
Jette-moi tes présents, lune mystérieuse.

Entrouvre d'un rayon les noires violettes,
Douces comme les yeux d'un séduisant amour.
Tes humides baisers hâteront leur retour.
Pour cacher mes larmes muettes,
Entrouvre d'un rayon les noires violettes.

DORMEUSE

Si l'enfant sommeille,
Il verra l'abeille,
Quand elle aura fait son miel,
Danser entre terre et ciel.

Si l'enfant repose,
Un ange tout rose,
Que la nuit seule on peut voir,
Viendra lui dire « bonsoir ! »

Si l'enfant est sage,
Sur son doux visage
La Vierge se penchera,
Et longtemps lui parlera.

Si mon enfant m'aime,
Dieu dira lui-même :
« J'aime cet enfant qui dort ;
Qu'on lui porte un rêve d'or !

Fermez ses paupières,
Et sur ses prières,
De mes jardins pleins de fleurs,
Faites glisser les couleurs.

Ourlez-lui des langes
Avec vos doigts d'anges,
Et laissez sur son chevet
Pleuvoir votre blanc duvet.

Mettez-lui des ailes
Comme aux tourterelles,
Pour venir dans mon soleil
Dansez jusqu'à son réveil !

Qu'il fasse un voyage
Au bras d'un nuage
Et laissez-le, s'il lui plaît,
Boire à mes ruisseaux de lait.

Donnez-lui la chambre
De perles et d'ambre,
Et qu'il partage, en dormant,
Nos gâteaux de diamant !

Brodez-lui des voiles
Avec mes étoiles,
Pour qu'il navigue en bateau
Sur mon lac d'azur et d'eau !

Que la lune éclaire
L'eau pour lui plus claire,
Et qu'il prenne au lac changeant
Mes plus fins poissons d'argent !

Mais je veux qu'il dorme,
Et qu'il se conforme
Au silence des oiseaux
Dans leurs maisons de roseaux !

Car, si l'enfant pleure,
On entendra l'heure
Tinter partout qu'un enfant
A fait ce que Dieu défend !

L'écho de la rue
Au bruit accourue,
Quand l'heure aura soupiré,
Dira : « L'enfant a pleuré ! »

Et sa tendre mère,
Dans sa nuit amère,
Pour son ingrat nourrisson
Ne saura plus de chanson !

S'il brame s'il crie,
Par l'aube en furie,
Ce cher agneau révolté
Sera peut-être emporté !

Un si petit être
Par le toit, peut-être,
Tout en criant, s'en ira,
Et jamais ne reviendra !

Qu'il rôde en ce monde,
Sans qu'on lui réponde !
Jamais l'enfant que je dis
Ne verra mon paradis !

Oui mais, s'il est sage,
Sur son doux visage
La Vierge se penchera,
Et longtemps lui parlera.

QU'EN AVEZ-VOUS FAIT ?

Vous aviez mon cœur,
Moi, j'avais le vôtre :
Un cœur pour un cœur ;
Bonheur pour bonheur !
Le vôtre s'est rendu ;
Je n'en ai plus d'autre.
Le vôtre est rendu
Le mien est perdu.
La feuille et la fleur
Et le fruit lui-même,
La feuille et la fleur,
L'encens, la couleur :
Qu'en avez-vous fait,
Mon maître suprême ?
Qu'en avez-vous fait,
De ce doux bienfait ?
Comme un pauvre enfant,
Quitté par sa mère,
Comme un pauvre enfant,
Que rien ne défend :
Vous me laissez là,
Dans ma vie amère ;
Vous me laissez là,
Et Dieu voit cela !
Savez-vous qu'un jour,
L'homme est seul au monde ?
Savez-vous qu'un jour,
Il revoit l'amour ?
Vous appellerez,
Sans qu'on vous réponde,
Vous appellerez,
Et vous songerez !...
Vous viendrez rêvant,
Sonner à ma porte ;
Ami comme avant,
Vous viendrez rêvant.
Et l'on vous dira :
« Personne... elle est morte. »
On vous le dira :
Mais, qui vous plaindra !

UN RUISSEAU DE LA SCARPE
(Extrait)

Oui, j'avais des trésors... j'en ai plein ma mémoire,
J'ai des banquets rêvés où l'orphelin va boire.
Oh ! quel enfant des blés, le long des chemins verts,
N'a dans ses jeux errants possédé l'univers ?

Emmenez-moi, chemins !... Mais non, ce n'est plus l'heure,
Il faudrait revenir en courant où l'on pleure,
Sans avoir regardé jusqu'au fond le ruisseau
Dont la vague mouilla l'osier de mon berceau.

Il courait vers la Scarpe en traversant nos rues
Qu'épurait la fraîcheur de ses ondes accrues,
Et l'enfance aux longs cris saluait son retour
Qui faisait déborder tous les puits d'alentour.

Écoliers de ce temps, troupe alerte et bruyante,
Où sont-ils vos présents jetés à l'eau fuyante :
Le livre ouvert, parfois vos souliers pour vaisseaux,
Et vos petits jardins de mousse et d'arbrisseaux ?

(...)
Depuis que j'ai quitté tes haleines bénies,
Ces familles aux mains facilement unies,
Je ne sais quoi d'amer à mon pain s'est mêlé,
Et partout sur mon jour une larme a tremblé.

Et je n'ai plus osé vivre à poitrine pleine
Ni respirer tout l'air qu'il faut à mon haleine :
On eût dit qu'un témoin s'y serait opposé...
Vivre pour vivre, oh non ! je ne l'ai plus osé !

J'ÉTAIS À TOI...

J'étais à toi peut-être avant de t'avoir vu,
Ma vie, en se formant, fut promise à la tienne ;
Ton nom m'en avertit par un trouble imprévu ;
Ton âme s'y cachait pour éveiller la mienne.
Je l'entendis un jour et je perdis la voix ;
Je l'écoutai longtemps, j'oubliai de répondre ;
Mon être avec le tien venait de se confondre :
Je crus qu'on m'appelait pour la première fois.
Savais-tu ce prodige ? Eh bien ! sans te connaître,
J'ai deviné par lui mon amant et mon maître,
Et je le reconnus dans tes premiers accents,
Quand tu vins éclairer mes beaux jours languissants.
Ta voix me fit pâlir, et mes yeux se baissèrent.
Dans un regard muet nos âmes s'embrassèrent ;
Au fond de ce regard ton nom se révéla,
Et sans le demander j'avais dit : « Le voilà ! »
Dès lors il ressaisit mon oreille étonnée ;
Et y devint soumise, elle y fut enchaînée.
J'exprimais par lui seul mes plus doux sentiments ;
Je l'unissais au mien pour signer mes serments.
Je le lisais partout, ce nom rempli de charmes,
Et je versais des larmes.
D'un éloge enchanteur toujours environné,
A mes yeux éblouis il s'offrait couronné.
Je l'écrivais... bientôt je n'osai plus l'écrire,
Et mon timide amour le changeait en sourire.
Il me cherchait la nuit, il berçait mon sommeil,
Il résonnait encore autour de mon réveil :
Il errait dans mon souffle, et, lorsque je soupire,
C'est lui qui me caresse et que mon cœur respire.
Nom chéri ! nom charmant ! oracle de mon sort !
Hélas ! que tu me plais, que ta grâce me touche !
Tu m'annonças la vie, et mêlé dans la mort,
Comme un dernier baiser tu fermeras ma bouche.

DORS-TU ?

Et toi ! dors-tu quand la nuit est si belle,
Quand l'eau me cherche et me fuit comme toi ;
Quand je te donne un cœur longtemps rebelle
Dors-tu, ma vie ! ou rêves-tu de moi ?

Démêles-tu, dans ton âme confuse,
Les doux secrets qui brûlent entre nous ?
Ces longs secrets dont l'amour nous accuse,
Viens-tu les rompre en songe à mes genoux ?

As-tu livré ta voix tendre et hardie
Aux fraîches voix qui font trembler les fleurs ?
Non ! c'est du soir la vague mélodie ;
Ton souffle encor n'a pas séché mes pleurs !

Garde toujours ce douloureux empire
Sur notre amour qui cherche à nous trahir :
Mais garde aussi son mal dont je soupire ;
Son mal est doux, bien qu'il fasse mourir !

MA CHAMBRE

Ma demeure est haute
Donnant sur les cieux ;
La lune en est l'hôte,
Pâle et sérieux :
En bas que l'on sonne,
Qu'importe aujourd'hui ?
Ce n'est plus personne
Quand ce n'est pas lui !

LA SINCÈRE

Veux-tu l'acheter ?
Mon cœur est à vendre.
Veux-tu l'acheter
Sans nous disputer ?

Dieu l'a fait d'aimant,
Tu le feras tendre ;
Dieu l'a fait d'aimant
Pour un seul amant !

Moi, j'en fais le prix ;
Veux-tu le connaître ?
Moi, j'en fais le prix ;
N'en sois pas surpris.

As-tu tout le tien ?
Donne ! Et sois mon maître.
As-tu tout le tien
Pour payer le mien ?

S'il n'est plus à toi,
Je n'ai qu'une envie ;
S'il n'est plus à toi,
Tout est dit pour moi.

Le mien glissera,
Fermé dans la vie ;
Le mien glissera
Et Dieu seul l'aura !

Car, pour nos amours,
La vie est rapide ;
Car, pour nos amours,
Elle a peu de jours.

L'âme doit courir
Comme une eau limpide ;
L'âme doit courir,
Aimer et mourir !

Aux autres cachée,
Je brode mes fleurs ;
Sans être fâchée,
Mon âme est en pleurs ;
Le ciel bleu sans voiles
Je le vois d'ici ;
Je vois les étoiles :
Mais l'orage aussi !

Vis-à-vis la mienne
Une chaise attend :
Elle fut la sienne,
La nôtre un instant ;
D'un ruban signée
Cette chaise est là,
Toute résignée,
Comme me voilà !

ALPHONSE DE LAMARTINE (1790-1869)

Né à Maçon, dans la noblesse de robe, Alphonse de Lamartine a la révélation de la poésie en lisant Chateaubriand et, après ses études, s'installe à Milly, un domaine dont sa famille tire des revenus. Il est beau, élégant, a de nombreuses aventures sentimentales, fait des vers...
Officier dans l'armée de 1814, il démissionne un an après, et, se croyant malade, part en cure à Aix-les-Bains où il rencontre Julie Charles, « Elvire », dont le vieux mari est un savant physicien. Ils se revoient à Paris, s'aiment follement pendant un automne, se redonnent rendez-vous pour l'été suivant. Mais Elvire ne revient pas sur les rives du lac du Bourget. Elle est morte de tuberculose pendant l'hiver.
Lamartine rédige alors les **Méditations** *qui feront sa gloire, épouse une Anglaise qui lui donne un fils, qui ne vit qu'un an, et une fille, Julia, et occupe des postes diplomatiques en Italie. Après la Révolution de 1830, il affrète un bateau pour croiser en Méditerranée. Julia meurt pendant le voyage. Accablé, il revient en France, où il a été élu député.*
Après un cinglant échec aux élections présidentielles de 1848, cet aristocrate qui a fait voter la République abandonne la politique. Pour faire face à ces dettes, il écrie des romans, des livres d'histoire, sans parvenir à calmer ses usuriers.
Il doit vendre Milly. Sa femme meurt en 1863. En 1867, il se remarie avec sa nièce, qui veillera avec dévouement sur ses derniers jours. Il s'éteint le 25 février 1869, oublié de tous, les mains crispées sur le crucifix que Julie Charles-Elvire avait elle aussi tenu sur son lit de mort.

LA FENÊTRE DE LA MAISON PATERNELLE

Autour du toit qui nous vit naître
Un pampre étalait ses rameaux,
Ses grains dorés, vers la fenêtre,
Attiraient les petits oiseaux.

Ma mère étendant sa main blanche,
Rapprochait les grappes de miel,
Et ses enfants suçaient la branche,
Qu'ils rendaient aux oiseaux du ciel.

L'oiseau n'est plus, la mère est morte ;
Le vieux cep languit jaunissant,
L'herbe d'hiver croît sur la porte,
Et moi, je pleure en y pensant.

C'est pourquoi la vigne enlacée
Aux mémoires de mon berceau,
Porte à mon âme une pensée,
Et doit ramper sur mon tombeau.

L'AUTOMNE

Salut ! bois couronnés d'un reste de verdure !
Feuillages jaunissants sur les gazons épars !
Salut derniers beaux jours ! le deuil de la nature
Convient à la douleur et plaît à mes regards !

Je suis d'un pas rêveur le sentier solitaire,
J'aime à revoir encor, pour la dernière fois,
Ce soleil pâlissant, dont la faible lumière
Perce à peine à mes pieds l'obscurité des bois !

Oui, dans ces jours d'automne où la nature expire,
A ses regards voilés je trouve plus d'attraits,
C'est l'adieu d'un ami, c'est le dernier sourire
Des lèvres que la mort va fermer pour jamais !

Ainsi prêt à quitter l'horizon de la vie,
Pleurant de mes longs jours l'espoir évanoui,
Je me retourne encore, et d'un regard d'envie
Je contemple ses biens dont je n'ai pas joui !

Terre, soleil, vallon, belle et douce nature,
Je vous dois une larme aux bords de mon tombeau ;
L'air est si parfumé ! la lumière si pure !
Aux regards d'un mourant le ciel est si beau !

Je voudrais maintenant vider jusqu'à la lie
Ce calice mêlé de nectar et de fiel !
Au fond de cette coupe où je buvais la vie,
Peut-être restait-il une goutte de miel ?

Peut-être l'avenir me gardait-il encore
Un retour de bonheur dont l'espoir est perdu ?
Peut-être dans la foule, une âme que j'ignore
Aurait compris mon âme et m'aurait répondu ?...

La fleur tombe en livrant ses parfums au zéphire ;
A la vie, au soleil, ce sont là ses adieux ;
Moi, je meurs ; et mon âme, au moment qu'elle expire,
S'exhale comme un son triste et mélodieux.

LE PAPILLON

Naître avec le printemps, mourir avec les roses,
Sur l'aile du zéphyr nager dans un ciel pur ;
Balancé sur le sein des fleurs à peine écloses,
S'enivrer de parfums, de lumière et d'azur ;
Secouant, jeune encor, la poudre de ses ailes,
S'envoler comme un souffle aux voûtes éternelles ;
Voilà du papillon le destin enchanté :
Il ressemble au désir, qui jamais ne se pose,
Et sans se satisfaire, effleurant toute chose,
Retourne enfin au ciel chercher la volupté.

LES FLEURS SUR L'AUTEL

(...)
Les vieillards ont éteint le feu des sacrifices ;
Les enfants laisseront vaciller son flambeau ;
Les vierges ont pleuré le froid de leurs cilices ;
Comment parer l'autel de ces fleurs du tombeau ?

Voilà pourquoi les fleurs, ces prières écloses
Dont Dieu lui-même emplit les corolles de miel,
Pures comme ces lis, chastes comme ces roses,
Semblent prier pour nous dans les maisons du ciel.

Quand l'homme a déposé sur les degrés du temple
Ce faisceau de parfum, ce symbole d'honneur,
Dans un muet espoir son regard le contemple ;
Il croit ce don du ciel acceptable au Seigneur.

Il regarde la fleur dans l'urne déposée
Exhaler lentement son âme au pied des dieux,
Et la brise qui boit ses gouttes de rosée
Lui paraît une main qui vient sécher ses yeux.

LA PERVENCHE

Pâle fleur, timide pervenche,
Je sais la place où tu fleuris,
Le gazon où ton front se penche
Pour humecter tes yeux flétris

C'est dans un sentier que se cache
Sous ses deux bords de noisetiers,
Où pleut sur l'ombre qu'elle tache
La neige des blancs églantiers.

L'ombre t'y voile, l'herbe égoutte
Les perles de nos nuits d'été,
Le rayon les boit goutte à goutte
Sur ton calice velouté.

Une source tout près palpite,
Où s'abreuve le merle noir,
Il y chante, et moi j'y médite
Souvent de l'aube jusqu'au soir.

Ô fleur, que tu dirais des choses
A mon amour, si tu retiens
Ce que je dis à lèvres closes
Quand tes yeux me peignent les siens !

À UNE FLEUR SÉCHÉE DANS UN ALBUM

Il m'en souvient, c'était aux plages
Où m'attire un ciel de midi,
Ciel sans souillure et sans orages,
Où j'aspirais sous les feuillages
Les parfums d'un air attiédi.

Une mer qu'aucun bord n'arrête
S'étendait bleue à l'horizon ;
L'oranger, cet arbre de fête,
Neigeait par moment sur ma tête ;
Des odeurs montaient du gazon.

Tu croissais près d'une colonne
D'un temple écrasé par le temps ;
Tu lui faisais une couronne,
Tu parais son tronc monotone
Avec tes chapiteaux flottants ;

Fleur qui décore la ruine
Sans un regard pour t'admirer !
Je cueillis ta blanche étamine,
Et j'emportai sur ma poitrine
Tes parfums pour les respirer.

Aujourd'hui, ciel, temple, rivage,
Tout a disparu sans retour ;
Ton parfum est dans le nuage,
Et je trouve, en tournant la page,
La trace morte d'un beau jour !

LES FLEURS

Ô terre, vil monceau de boue
Où germent d'épineuses fleurs,
Rendons grâce à Dieu, qui secoue
Sur ton sein ces fraîches couleurs.

Sans ces urnes où goutte à goutte
Le ciel rend la force à nos pas,
Tout serait désert, et la route
Au ciel ne s'achèverait pas.

Nous dirions : A quoi bon poursuivre
Ce sentier qui mène au cercueil ?
Puisqu'on se lasse en vain à vivre,
Mieux vaut s'arrêter sur le seuil.

Mais, pour nous cacher les distances,
Sur le chemin de nos douleurs
Tu sèmes le sol d'espérances,
Comme on borde un linceul de fleurs !

Et toi, mon cœur, cœur triste et tendre,
Où chantaient de si fraîches voix ;
Toi qui n'es plus qu'un bloc de cendre
Couvert de charbons noirs et froids,

Ah ! laisse refleurir encor
Ces lueurs d'arrière-saisons !
Le soir d'été qui s'évapore
Laisse une pourpre à l'horizon.

Oui, meurs en brûlant, ô mon âme,
Sur ton bûcher d'illusions,
Comme l'astre éteignant sa flamme
S'ensevelit dans ses rayons !

LE LAC

Ainsi, toujours poussés vers de nouveaux rivages,
Dans la nuit éternelle emportés sans retour,
Ne pourrons-nous jamais sur l'océan des âges
Jeter l'ancre un seul jour ?

Ô lac ! l'année à peine a fini sa carrière,
Et, près des flots chéris qu'elle devait revoir,
Regarde ! je viens seul m'asseoir sur cette pierre
Où tu la vis s'asseoir !

Tu mugissais ainsi sous ces roches profondes,
Ainsi tu te brisais sur leurs flancs déchirés,
Ainsi le vent jetait l'écume de tes ondes
Sur ses pieds adorés.

Un soir, t'en souvient-il ? nous voguions en silence ;
On n'entendait au loin, sur l'onde et sous les cieux,
Que le bruit des rameurs qui frappaient en cadence
Tes flots harmonieux.

Tout à coup des accents inconnus à la terre
Du rivage charmé frappèrent les échos ;
Le flot fut attentif, et la voix qui m'est chère
Laissa tomber ces mots :

Ô temps ! suspends ton vol ; et vous, heures propices !
«Suspendez votre cours :
« Laissez-nous savourer les rapides délices
« Des plus beaux de nos jours !

«Assez de malheureux ici-bas vous implorent,
« Coulez, coulez pour eux ;
« Prenez avec leurs jours les soins qui les dévorent,
« Oubliez les heureux.

« Mais je demande en vain quelques moments encore,
« Le temps m'échappe et fuit ;
« Je dis à cette nuit : Sois plus lente ; et l'aurore
« Va dissiper la nuit.

« Aimons donc, aimons donc ! de l'heure fugitive,
« Hâtons-nous, jouissons !
«L'homme n'a point de port, le temps n'a point de rive ;
« Il coule, et nous passons ! »

Temps jaloux, se peut-il que ces moments d'ivresse,
Où l'amour à longs flots nous verse le bonheur,
S'envolent loin de nous de la même vitesse
Que les jours du malheur ?

Eh quoi ! n'en pourrons-nous fixer au moins la trace ?
Quoi ! passés pour jamais ! quoi ! tout entiers perdus !
Ce temps qui les donna, ce temps qui les efface,
Ne nous les rendra plus !

Éternité, néant, passé, sombres abîmes,
Que faites-vous des jours que vous engloutissez ?
Parlez : nous rendrez-vous ces extases sublimes
Que vous nous ravissez ?

Ô lac ! rochers muets ! grottes ! forêt obscure !
Vous, que le temps épargne ou qu'il peut rajeunir,
Gardez de cette nuit, gardez belle nature,
Au moins le souvenir !

Qu'il soit dans ton repos, qu'il soit dans tes orages,
Beau lac, et dans l'aspect de tes riants coteaux,
Et dans ces noirs sapins, et dans ces rocs sauvages
Qui pendent sur tes eaux.

Qu'il soit dans le zéphyr qui frémit et qui passe,
Dans les bruits de tes bords par tes bords répétés,
Dans l'astre au front d'argent qui blanchit ta surface
De ses molles clartés.

Que le vent qui gémit, le roseau qui soupire,
Que les parfums légers de ton air embaumé
Que tout ce qu'on entend, l'on voit ou l'on respire,
Tout dise : Ils ont aimé !

LES PAVOTS

Lorsque vient le soir de la vie,
Le printemps attriste le cœur ;
De sa corbeille épanouie
Il s'exhale un parfum moqueur.
De toutes ces fleurs qu'il étale,
Dont l'amour ouvre le pétale,
Dont les près éblouissent l'œil
Hélas ! il suffit que l'on cueille
De quoi parfumer d'une feuille
L'oreiller du lit d'un cercueil.

Cueillez-moi ce pavot sauvage
Qui croît à l'ombre de ces blés ;
On dit qu'il en coule un breuvage
Qui ferme les yeux accablés.
J'ai trop veillé ; mon âme est lasse
De ces rêves qu'un rêve chasse.
Que me veux-tu, printemps vermeil ?
Loin de moi ces lis et ces roses !
Que faut-il aux paupières closes ?
La fleur qui garde le sommeil !

L'ISOLEMENT

Souvent sur la montagne, à l'ombre du vieux chêne,
Au coucher du soleil, tristement je m'assieds ;
Je promène au hasard mes regards sur la plaine,
Dont le tableau changeant se déroule à mes pieds.

Ici, gronde le fleuve aux vagues écumantes,
Il serpente et s'enfonce en un lointain obscur ;
Là, le lac immobile étend ses eaux dormantes
Où l'étoile du soir se lève dans l'azur.

Au sommet de ces monts couronnés de bois sombres,
Le crépuscule encor jette un dernier rayon ;
Et le char vaporeux de la reine des ombres
Monte, et blanchit déjà les bords de l'horizon.

Cependant, s'élançant de la flèche gothique,
Un son religieux se répand dans les airs,
Le voyageur s'arrête, et la cloche rustique
Aux derniers bruits du jour mêle de saints concerts.

Mais à ces doux tableaux mon âme indifférente
N'éprouve devant eux ni charme ni transports,
Je contemple la terre, ainsi qu'une ombre errante :
Le soleil des vivants n'échauffe plus les morts.

De colline en colline en vain portant ma vue,
Du sud à l'aquilon, de l'aurore au couchant,
Je parcours tous les points de l'immense étendue,
Et je dis : Nulle part le bonheur ne m'attend.

Que me font ces vallons, ces palais, ces chaumières ?
Vains objets dont pour moi le charme est envolé ;
Fleuves, rochers, forêts, solitudes si chères,
Un seul être vous manque, et tout est dépeuplé.

Que le tour du soleil ou commence ou s'achève,
D'un œil indifférent je le suis dans son cours ;
En un ciel sombre ou pur qu'il se couche ou se lève,
Qu'importe le soleil ? je n'attends rien des jours.

Quand je pourrais le suivre en sa vaste carrière,
Mes yeux verraient partout le vide et les déserts ;
Je ne désire rien de tout ce qu'il éclaire,
Je ne demande rien à l'immense univers.

Mais peut-être au-delà des bornes de sa sphère,
Lieux où le vrai soleil éclaire d'autres cieux,
Si je pouvais laisser ma dépouille à la terre,
Ce que j'ai tant rêvé paraîtrait à mes yeux ?

Là, je m'enivrerais à la source où j'aspire,
Là, je retrouverais et l'espoir et l'amour,
Et ce bien idéal que toute âme désire
Et qui n'a pas de nom au terrestre séjour !

Que ne puis-je, porté sur le char de l'aurore,
Vague objet de mes vœux, m'élancer jusqu'à toi ;
Sur la terre d'exil pourquoi resté-je encore ?
Il n'est rien de commun entre la terre et moi.

Quand la feuille des bois tombe dans la prairie,
Le vent du soir se lève et l'arrache aux vallons ;
Et moi, je suis semblable à la feuille flétrie :
Emportez-moi comme elle, orageux aquilons !

ALFRED DE VIGNY (1797-1863)

Fils d'aristocrates ruinés par la Révolution, Alfred de Vigny, à qui une mère très pieuse apprit la Bible, devint officier à dix-huit ans. Déçu par la vie de garnison, il se réfugia, après sa rencontre avec Hugo, dans la poésie et l'écriture. Un mariage raté avec une Anglaise, l'échec relatif de ses œuvres, une liaison difficile avec l'actrice Marie Dorval : tout inclina Vigny vers le stoïcisme et le pessimisme.
Avec un « désespoir paisible » il écrivit des poèmes philosophiques qui feront sa gloire après sa mort. Ce romantique misanthrope, à la noblesse fière, élu à l'Académie française en 1845, mourut, enfermé dans une hautaine solitude, le 17 septembre 1863 d'un cancer à l'estomac.

NOUS MARCHERONS AINSI
(Extrait)

Nous marcherons ainsi, ne laissant que notre ombre
Sur cette terre ingrate où les morts ont passé ;
Nous nous parlerons d'eux à l'heure où tout est sombre,
Où tu te plais à suivre un chemin effacé,
A rêver, appuyée aux branches incertaines,
Pleurant comme Diane au bord de ses fontaines,
Ton amour taciturne et toujours menacé.

LES AMANTS DE MONTMORENCY
(extrait)

Ils passèrent deux jours d'amour et d'harmonie
De chants et de baisers, de voix, de lèvre unie,
De regards confondus, de soupirs bienheureux,
Qui furent deux moments et deux siècles pour eux.
La nuit, on entendait leurs chants ; dans la journée,
Leur sommeil : tant leur âme était abandonnée
Aux caprices divins du désir ! Leurs repas
Étaient rares, distraits ; ils ne les voyaient pas.
Ils allaient, ils allaient au hasard et sans heures,
Passant des champs aux bois, et des bois aux demeures,
Se regardant toujours, laissant les airs chantés
Mourir, et tout à coup restaient comme enchantés.
L'extase avait fini par éblouir leur âme
Comme seraient nos yeux éblouis par la flamme.
Troublés, ils chancelaient, et le troisième soir,
Ils étaient enivrés jusques à ne rien voir
Que les feux mutuels de leurs yeux. La Nature
Étalait vainement sa confuse peinture
Autour du front aimé, derrière les cheveux
Que leurs yeux noirs voyaient tracés dans leurs yeux bleus.

Ils tombèrent assis, sous des arbres... peut-être...
Ils ne le savaient pas ; le soleil allait naître
Ou s'éteindre... Ils voyaient seulement que le jour
Était pâle, et l'air doux, et le monde en amour...
Un bourdonnement faible emplissait leur oreille
D'une musique vague, au bruit des mers pareille,
Et formant des propos tendres, légers, confus,
Que tous deux entendaient, et qu'on entendra plus ;
Le vent léger disait de la voix la plus douce :
« Quand l'amour m'a troublé, je gémis sous la mousse. »
Les mélèzes touffus s'agitaient en disant :

« Secouons dans les airs le parfum séduisant
Du soir, car le parfum est le secret langage
Que l'amour enflammé fait sortir du feuillage. »
Le soleil incliné sur les monts dit encor :
« Par mes flots de lumière et par mes gerbes d'or
Je réponds en élans aux élans de votre âme ;
Pour exprimer l'amour, mon langage est la flamme. »
Et les fleurs exhalaient de suaves odeurs
Autant que les rayons de suaves ardeurs ;

Et l'on eût dit des voix timides et flûtées
Qui sortaient à la fois des feuilles veloutées ;
Et comme un seul accord d'accents harmonieux,
Tout semblait s'élever en chœur jusques aux cieux ;
Et ces voix s'éloignaient, en rasant les campagnes,
Dans les enfoncements magiques des montagnes ;
Et la terre, sous eux, palpitait mollement
Comme le flot des mers ou le cœur d'un amant ;
Et tout ce qui vivait, par un hymne suprême
Accompagnait leurs voix qui se disaient : « Je t'aime !»

LA NEIGE (Extrait)

Qu'il est doux, qu'il est doux d'écouter des histoires,
Des histoires du temps passé,
Quand les branches d'arbres sont noires,
Quand la neige est épaisse et charge un sol glacé ;
Quand seul dans un ciel pâle un peuplier s'élance,
Quand sous le manteau blanc qui vient de le cacher
L'immobile corbeau sur l'arbre se balance,
Comme la girouette au bout du long clocher !

LA FEMME ADULTÈRE Extrait)

« Mon lit est parfumé d'aloès et de myrrhe ;
L'odorant cinnamome et la nard de Palmyre
Ont chez moi de l'Égypte embaumé les tapis.
J'ai placé sur mon front et l'or et le lapis ;
Venez, mon bien-aimé, m'enivrer de délices
Jusqu'à l'heure où le jour appelle aux sacrifices :
Aujourd'hui que l'époux n'est plus dans la cité,
Au nocturne bonheur soyez donc invité ;
Il est allé bien loin. » C'était ainsi, dans l'ombre,
Sur les toits aplatis et sous l'oranger sombre,
Qu'une femme parlait, et son bras abaissé
Montrait la porte étroite à l'amant empressé.
Il a franchi le seuil où le cèdre s'entrouvre,
Et qu'un verrou secret rapidement recouvre ;
Puis ces mots ont frappé le cyprès des lambris :
« Voilà ces yeux si purs dont mes yeux sont épris !
Votre front est semblable au lis de la vallée,
De vos lèvres toujours la rose est exhalée ;
Que votre voix est douce et douces vos amours !
Oh ! quittez ces colliers et ces brillants atours !
–Non ; ma main veut tarir cette humide rosée
Que l'air sur vos cheveux à longtemps déposée ;
C'est pour moi que ce front s'est glacé sous la nuit !
–Mais ce cœur est brûlant, et l'amour l'a conduit.
Me voici devant vous, ô belle entre les belles !
Qu'importent les dangers ? que sont les nuits cruelles
Quand du palmier d'amour le fruit va se cueillir,
Quand sous mes doigts tremblants je le sens tressaillir ?
–Oui ! Mais d'où vient ce cri, puis ces pas sur la pierre ?
–C'est un des fils d'Aron qui sonne la prière.
Et quoi ! vous pâlissez ! Que le feu du baiser
Consume nos amours qu'il peut seul apaiser,
Qu'il vienne remplacer cette crainte farouche
Et fermer au refus la pourpre de ta bouche !...»
On n'entendit plus rien, et les feux abrégés
Dans les lampes d'airain moururent négligés.

LA MORT DU LOUP
(*Extrait)*

Les nuages couraient sur la lune enflammée
Comme sur l'incendie on voit fuir la fumée,
Et les bois étaient noirs jusques à l'horizon.
Nous marchions, sans parler, dans l'humide gazon,
Dans la bruyère épaisse et dans les hautes brandes,
Lorsque, sous des sapins pareils à ceux des Landes
Nous avons aperçu les grands ongles marqués
par les loups voyageurs que nous avions traqués.
Nous avons écouté, retenant notre haleine
Et le pas suspendu. – Ni le bois ni la plaine
Ne poussaient un soupir dans les airs ; seulement
La girouette en deuil criait au firmament,
Car le vent, élevait bien au-dessus des terres,
N'effleurait de ses pieds que les tours solitaires,
Et les chênes d'en bas, contre les rocs penchés,
Sur leurs coudes semblaient endormis et couchés.
Rien ne bruissait donc, lorsque, baissant la tête,
Le plus vieux des chasseurs qui s'était mis en quête
A regardé le sable, attendant, à genoux,
Qu'une étoile jetât quelque lueur sur nous ;
Puis, tout bas, a juré que ses marques récentes
Annonçaient la démarche et les griffes puissantes
De deux grands loups Cerviers et de deux Louveteaux.
Nous avons tous alors préparé nos couteaux.
Et, cachant nos fusils et leurs lueurs trop blanches,
Nous allions, pas à pas, en écartant les branches.

Trois s'arrêtent, et moi, cherchant ce qu'ils voyaient,
J'aperçois tout à coup deux yeux qui flamboyaient,
Et je vois, au-delà, quelques formes légères
Qui dansaient sous la lune au milieu des bruyères,

Comme font, chaque jour, à grand bruit, sous nos yeux,
Quand le maître revient, les lévriers joyeux.
L'allure était semblable et semblable la danse ;
Mais les enfants du loup se jouaient en silence,
Sachant bien qu'à deux pas, ne dormant qu'à demi,
Se couche dans ses murs l'homme, leur ennemi.

Le Père était debout, et plus loin, contre un arbre,
Sa Louve reposait comme celle de marbre
Qu'adoraient les Romains, et dont les flancs velus
Couvaient les Demi-Dieux Rémus et Romulus.
– Le Loup vient et s'assied, les deux jambes dressées
Par leurs ongles crochus dans le sable enfoncées.
Il s'est jugé perdu, puisqu'il était surpris,
Sa retraite coupée et tous ses chemins pris ;
Alors, il a saisi, dans sa gueule brûlante,
Du chien le plus hardi la gorge pantelante
Et n'a pas desserré ses mâchoires de fer,
Malgré nos coups de feu qui traversaient sa chair
Et nos couteaux aigus qui, comme des tenailles,
Se croisaient en plongeant dans ses larges entrailles,
Jusqu'au dernier moment où le chien étranglé,
Mort longtemps avant lui, sous ses pieds a roulé.
Le loup le quitte alors et puis il nous regarde.
Les couteaux lui restaient au flanc jusqu'à la garde,
Le clouaient au gazon tout baigné dans son sang ;
Nos fusils l'entouraient en sinistre croissant.
Il nous regarde encore, ensuite, il se recouche
Tout en léchant le sang répandu sur sa bouche,
Et, sans daigner savoir comment il a péri,
Refermant ses grands yeux, meurt, sans jeter un cri.

LA FRÉGATE « LA SÉRIEUSE »
(extrait)

Qu'elle était belle, ma Frégate,
Lorsqu'elle voguait dans le vent !
Elle avait, au soleil levant,
Toutes les couleurs de l'agate ;
Ses voiles luisaient le matin
Comme des ballons de satin ;
Sa quille mince, longue et plate,
Portait deux bandes d'écarlate
Sur vingt-quatre canons cachés ;
Ses mâts, en arrière penchés,
Paraissaient à demi-couchés.
Dix fois plus vive qu'un pirate,
En cent jours du Havre à Surate
Elle nous emporta souvent.
– Qu'elle était belle, ma Frégate,
Lorsqu'elle voguait dans le vent !

Alfred de Vigny

VICTOR HUGO (1802-1885)

Fils d'un général bonapartiste et d'une Vendéenne royaliste, Victor Hugo est un monument de la littérature française. Poète, romancier, dramaturge, il a dominé son époque. Sa vie, qui parait en regrouper plusieurs, est une épopée : à vingt ans, contre tous, il fait un mariage d'amour avec Adèle, une amie d'enfance pour jurer, quinze ans plus tard, éternelle fidélité à sa maîtresse Juliette Drouet, qu'il trompera gaillardement elle aussi. A vingt-cinq ans chef de file des romantiques, à cinquante principal opposant – en exil – à Napoléon III, à soixante-dix Pair de France, il laisse une œuvre considérable.

LE POÈTE S'EN VA AUX CHAMPS...

Le poète s'en va aux champs ; il admire,
Il adore ; il écoute en lui-même une lyre ;
Et le voyant venir, les fleurs, toutes les fleurs,
Celles qui des rubis font pâlir les couleurs,
Celles qui des paons même éclipseraient les queues,
Les petites fleurs d'or, les petites fleurs bleues,
Prennent, pour l'accueillir agitant leurs bouquets,
De petits airs penchés ou de grands airs coquets,
Et familièrement, car cela sied aux belles :
« Tiens ! c'est notre amoureux qui passe ! » disent-elles.
Et, pleins de jour et d'ombre et de confuses voix,
Les grands arbres profonds qui vivent dans les bois,
Tous ces vieillards, les ifs, les tilleuls, les érables,
Les saules tous ridés, les chênes vénérables,
L'orme au branchage noir, de mousse appesanti,
Comme les ulémas quand paraît le muphti,
Lui font de grands saluts et courbent jusqu'à terre
Leurs têtes de feuillée et leurs barbes de lierre,
Contemplent de son front la sereine lueur,
Et murmurent tout bas : « C'est lui ! c'est le rêveur !»

LA ROSE DE L'INFANTE

Elle est toute petite, une duègne la garde.
Elle tient à la main une rose, et regarde.
Quoi ? que regarde-t-elle ? Elle ne sait pas. L'eau,
Un bassin qu'assombrit le pin et le bouleau,
Ce qu'elle a devant elle ; un cygne aux ailes blanches,
Le bercement des flots sous la chanson des branches,
Et le profond jardin rayonnant et fleuri.
Tout ce bel ange à l'air dans la neige pétri.
On voit un grand palais comme au fond d'une gloire,
Un parc, de clairs viviers où les biches vont boire,
Et les paons étoilés dans les bois chevelus.
L'innocence est sur elle une blancheur de plus ;
Toutes ses grâces font comme un faisceau qui tremble
Autour de cette enfant l'herbe est splendide et semble
Pleine de vrais rubis et de diamants fins ;
Un jet de saphirs sort des bouches des dauphins.
Elle se tient au bord de l'eau ; sa fleur l'occupe.
Sa basquine est en point de Gênes, sur sa jupe
Une arabesque, errant dans les plis du satin,
Suit les mille détours d'un fil d'or florentin.

La rose épanouie et toute grande ouverte,
Sortant du frais bouton comme d'une urne ouverte,
Charge la petitesse exquise de sa main ;
Quand l'enfant, allongeant ses lèvres de carmin,
Fronce, en la respirant, sa riante narine,
La magnifique fleur, royale et purpurine,
Cache plus qu'à demi ce visage charmant,
Si bien que l'œil hésite, et qu'on ne sait comment
Distinguer de la fleur ce bel enfant qui joue,
Et si l'on voit la rose ou si l'on voit la joue.
Ses yeux bleus sont plus beaux sous son pur sourcil brun.

En elle tout est joie, enchantement, parfum ;
Quel doux regard, l'azur ! et quel doux nom, Marie !
Tout est rayon ; son œil éclaire et son nom prie.
Pourtant, devant la vie et sous le firmament,
Pauvre être ! elle se sent très grande vaguement ;
Elle assiste au printemps, à la lumière, à l'ombre,
A la magnificence éclatante du soir,
Aux ruisseaux murmurants qu'on entend sans les voir,
Aux champs, à la nature éternelle et sereine,

Avec la gravité d'une petite reine ;
Elle n'a jamais vu l'homme que se courbant ;
Un jour, elle sera duchesse de Brabant ;
Elle gouvernera la Flandre ou la Sardaigne.
Elle est infante, elle a cinq ans, elle dédaigne.
Car les enfants des rois sont ainsi ; leurs fronts blancs
Portent un cercle d'ombre, et leurs pas chancelants
Sont des commencements de règne. Elle respire
Sa fleur en attendant qu'on lui cueille un empire
Et son regard, déjà royal, dit : C'est à moi.
Il sort d'elle un amour mêlé d'un vague effroi.
Si quelqu'un, la voyant si tremblante et si frêle,
Fût-ce pour la sauver mettait la main sur elle,
Avant qu'il eût pu faire un pas ou dire un mot,
Il aurait sur le front l'ombre de l'échafaud.

La douce enfant sourit, ne faisant autre chose
Que de vivre et d'avoir dans la main une rose,
Et d'être devant le ciel, parmi les fleurs.
Le jour s'éteint ; les nids chuchotent, querelleurs ;
Les pourpres du couchant sont dans les branches d'arbre ;

La rougeur monte au front des déesses de marbre
Qui semblent palpiter sentant venir la nuit ;
Et tout ce qui planait redescend ; plus de bruit,
Plus de flamme ; le ciel mystérieux recueille
Le soleil sous la vague et l'oiseau sous la feuille.
(...)
Cependant sur le bord du bassin, en silence,
L'infante tient toujours sa rose gravement,
Et doux ange aux yeux bleus, la baise par moment.
Soudain un souffle d'air, né de ces haleines
Que le soir frémissant jette à travers les plaines,
Tumultueux zéphyr effleurant l'horizon,
Trouble l'eau, fait frémir les joncs, met un frisson
Dans les lointains massifs de myrte et d'asphodèle,
Vient jusqu'au bel enfant tranquille, et, d'un coup d'aile,
Rapide, et secouant même l'arbre voisin,
Effeuille brusquement la fleur dans le bassin,
Et l'infante n'a plus dans la main qu'une épine.
Elle se penche, et voit sur l'eau cette ruine ;

Elle ne comprend pas ; qu'est-ce donc ? Elle a peur ;
Et la voilà qui cherche au ciel avec stupeur
Cette brise qui n'a pas craint de lui déplaire.
Que faire ? le bassin semble plein de colère ;
Lui, si clair tout à l'heure, il est noir maintenant ;
Il a des vagues ; c'est une mer bouillonnant ;
Toute la pauvre rose est éparse sur l'onde ;
C'est cent feuilles que noie et roule l'eau profonde,
Tournoyant, naufrageant, s'en vont de tous côtés
Sur mille petits flots par la brise irrités ;
On croit voir dans un gouffre une flotte qui sombre.
– Madame, dit la duègne avec sa face d'ombre
A la petite fille étonnée et rêvant,
Tout sur terre appartient aux princes, hors le vent.

GUITARE

Comment, disaient-ils,
Avec nos nacelles,
Fuir les alquazils ?
– Ramez, disaient-elles.

Comment, disaient-ils,
Oublier querelles,
Misères et périls ?
– Dormez, disaient-elles.

Comment, disaient-ils,
Enchanter les belles,
Sans philtres subtils ?
– Aimez, disaient-elles.

AINSI NOUÉS EN GERBE...(Extrait)

Ainsi noués en gerbe,
Reverdiront mes jours
Dans le donjon superbe,
Comme une touffe d'herbe
Dans les brèches des tours.

Mais, donjon ou chaumière,
Du monde délié,
Je vivrai de lumière,
D'extase et de prière,
Oubliant, oublié !

À MA FILLE ADÈLE

Tout enfant, tu dormais près de moi, rose et fraîche
Comme un petit Jésus accroupi dans la crèche ;
Ton pur sommeil était si calme et si charmant
Que tu n'entendais pas l'oiseau chanter dans l'ombre ;
Moi, pensif, j'aspirais la douceur sombre
Du mystérieux firmament.

Et j'écoutais voler sur ta tête les anges
Et je te regardais dormir ; et sur tes langes
J'effeuillais des jasmins et des œillets sans bruit ;
Et je priais, veillant sur tes paupières closes ;
Et mes yeux se mouillaient de pleurs, songeant aux choses
Qui nous attendent dans la nuit.

Un jour mon tour viendra de dormir, et ma couche,
Faite d'ombre, sera si morne et si farouche
Que je n'entendrai pas non plus chanter l'oiseau ;
Et la nuit sera noire ; alors, ô ma colombe,
Larme, prières et fleurs, tu rendras à ma tombe
Ce que j'ai fait pour ton berceau.

CHANSON
DE GRAND-PÈRE

Dansez, les petites filles,
Toutes en rond.
En vous voyant si gentilles,
Les bois riront.

Dansez, les petites reines,
Toutes en rond.
Les amoureux sous les frênes,
S'embrasseront.

Dansez, les petites folles,
Toutes en rond.
Les bouquins dans les écoles,
Bougonneront.

Dansez, les petites belles,
Toutes en rond.
Les oiseaux avec leurs ailes,
Applaudiront.

Dansez, les petites fées,
Toutes en rond.
Dansez, de bleuets coiffées,
L'aurore au front.

Dansez, les petites femmes,
Toutes en rond.
Les messieurs diront aux dames,
Ce qu'ils voudront.

ELLE AVAIT PRIS CE PLI...

Elle avait pris ce pli dans son âge enfantin
De venir dans ma chambre un peu chaque matin.
Je l'attendais ainsi qu'un rayon qu'on espère,
Elle entrait, et disait : Bonjour, mon petit père.
Prenait ma plume, ouvrait mes livres, et s'asseyait
Sur mon lit, dérangeait mes papiers, et riait,
Puis soudain s'en allait, comme un oiseau qui passe.
Alors je reprenais, la tête un peu moins lasse,
Mon œuvre interrompue, et tout en écrivant,
Parmi mes manuscrits, je rencontrais souvent
Quelque arabesque folle et qu'elle avait tracée,
Et mainte feuille blanche entre ses mains froissée,
Où, je ne sais comment, venaient mes plus doux vers.
Elle aimait Dieu, les fleurs, les astres, les près verts,
Et c'était un esprit avant d'être une femme.
Son esprit reflétait la clarté de son âme,
Elle me consultait sur tout à tous moments.
Oh ! que de soirs d'hiver radieux et charmants,
Passés à raisonner langue, histoire et grammaire,
Mes quatre enfants groupés sur mes genoux, leur mère
Tout près, quelques amis causant au coin du feu !
J'appelais cette vie être content de peu !
Et dire qu'elle est morte ! Hélas ! que Dieu m'assiste !
Je n'étais jamais gai quand je la sentais triste ;
J'étais morne au milieu du bal le plus joyeux
Si j'avais, en partant, vu quelque ombre en ses yeux.

QUAND NOUS HABITIONS...

Quand nous habitions tous ensemble
Sur nos collines d'autrefois,
Où l'eau court, où le buisson tremble
Dans la maison qui touche aux bois,

Elle avait dix ans, et moi trente ;
J'étais pour elle l'univers.
Oh ! comme l'herbe est odorante
Sous les arbres profonds et verts.

Elle faisait mon sort prospère,
Mon travail léger, mon ciel bleu.
Lorsqu'elle me disait Mon père,
Tout mon cœur s'écriait : Mon Dieu.

A travers mes songes sans nombre,
J'écoutais son parler joyeux,
Et mon front s'éclairait dans l'ombre
A la lumière de ses yeux.

Elle avait l'air d'une princesse
Quand je la tenais par la main.
Elle cherchait des fleurs sans cesse
Et des pauvres dans le chemin.

Elle donnait comme on dérobe,
En se cachant aux yeux de tous.
Oh ! la belle petite robe
Qu'elle avait, vous rappelez-vous :

Le soir auprès de ma bougie,
Elle jasait à petit bruit,
Tandis qu'à la vitre rougie
Heurtaient les papillons de nuit.

...TOUS ENSEMBLE

Les anges se miraient en elle.
Que son bonheur était charmant !
Le ciel mettait dans sa prunelle
Ce regard qui jamais ne ment.

Oh ! je l'avais, si jeune encore,
Vue apparaître en mon destin.
C'était l'enfant de mon aurore,
Et mon étoile du matin !

Quand la lune claire et sereine
Brillait aux cieux, dans ces beaux bois,
Comme nous allions dans la plaine !
Comme nous courions dans les bois !

Puis, vers la lumière isolée
Étoilant le logis obscur,
Nous revenions par la vallée
En tournant le coin du vieux mur ;

Nous revenions, cœurs pleins de flamme,
En parlant des splendeurs du ciel.
Je composais cette jeune âme
Comme l'abeille fait son miel.

Doux ange aux candides pensées,
Elle était gaie en arrivant... –
Toutes ces choses sont passées
Comme l'ombre et comme le vent.

APRÈS LA BATAILLE

Mon père, ce héros au sourire si doux,
Suivi d'un seul housard qu'il aimait entre tous
Pour sa grande bravoure et pour sa haute taille,
Parcourait à cheval, le soir d'une bataille,
Le champ couvert de morts sur qui tombait la nuit.
Il lui sembla dans l'ombre entendre un faible bruit.
C'était un Espagnol de l'armée en déroute
Qui se traînait sanglant sur le bord de la route,
Râlant, brisé, livide, et mort plus qu'à moitié,
Et qui disait : « A boire ! à boire par pitié ! »
Mon père, ému, tendit à son housard fidèle
Une gourde de rhum qui pendait à sa selle,
Et dit : « Tiens, donne à boire à ce pauvre blessé. »
Tout à coup, au moment où le housard baissé
Se penchait vers lui, l'homme, une espèce de maure,
Saisit un pistolet qu'il étreignait encore,
Et vise au front mon père en criant « Caramba ! »
Le coup passa si près que le chapeau tomba
Et que le cheval fit un écart en arrière.
« Donne-lui tout de même à boire » dit mon père.

VA-T'EN, ME DIT LA BISE...

– Va-t'en, me dit la bise,
C'est mon tour de chanter.
Et, tremblante, surprise,
N'osant pas résister,

Fort décontenancée
Devant un Quos ego,
Ma chanson est chassée
Par cette virago.

Pluie. On me congédie
Partout, sur tous les tons.
Fin de la comédie.
Hirondelles, partons.

Grêles et vent. La ramée
Tord ses bras rabougris ;
Là-bas fuit la fumée,
Blanche sur le ciel gris.

Une pâle dorure
Jaunit les coteaux froids.
Le trou de ma serrure
Me souffle sur les doigts.

MES DEUX FILLES

Dans le frais clair-obscur du soir charmant qui tombe,
L'une pareille au cygne et l'autre à la colombe,
Belles, et toutes deux joyeuses, ô douceur !
Voyez, la grande sœur et la petite sœur
Sont assises au seuil du jardin, et sur elles
Un bouquet d'œillets blancs aux longues tiges frêles,
Dans une urne de marbre agité par le vent,
Se penche, et les regarde, immobile et vivant,
Et frissonne dans l'ombre, et semble, au bord du vase,
Un vol de papillons arrêté dans l'extase.

BOOZ ENDORMI

Booz s'était couché de fatigue accablé ;
Il avait tout le jour travaillé dans son aire,
Puis avait fait son lit à sa place ordinaire ;
Booz dormait auprès des boisseaux pleins de blé.

Ce vieillard possédait des champs de blés et d'orge,
Il était, quoique riche, à la justice enclin ;
Il n'avait pas de fange en l'eau de son moulin,
Il n'avait pas d'enfer dans le feu de sa forge.

Sa barbe était d'argent comme un ruisseau d'avril.
Sa gerbe n'était point avare ni haineuse ;
Quand il voyait passer quelque pauvre glaneuse :
– Laissez tomber exprès des épis, disait-il.

Cet homme marchait pur loin des sentiers obliques
Vêtu de probité candide et de lin blanc ;
Et, toujours du côté des pauvres ruisselant,
Ses sacs de grains semblaient des fontaines publiques.

Booz était bon maître et fidèle parent ;
Il était généreux, quoiqu'il fût économe ;
Les femmes regardaient Booz plus qu'un jeune homme,
Car le jeune homme est beau, mais le vieillard est grand.

Donc, Booz dans la nuit dormait parmi les siens ;
Près des meules, qu'on eût prises pour des décombres,
Les moissonneurs couchés faisaient des groupes sombres
Et ceci se passait dans des temps très anciens.

Les tribus d'Israël avaient pour chef un juge ;
La terre, où l'homme errait sous la tente, inquiet
Des empreintes de géant qu'il voyait,
Était encore mouillée et molle du déluge.

Comme dormait Jacob, comme dormait Judith,
Booz, les yeux fermés, gisait sous la feuillée.
Or, la porte du ciel s'étant entrebâillée
Au-dessus de sa tête, un songe en descendit.

Et ce songe était tel, que Booz vit un chêne
Qui, sorti de son ventre, allait jusqu'au ciel bleu ;
Une race y montait comme une longue chaîne ;
Un roi chantait en bas, en haut mourait un dieu.

Et Booz murmurait avec la voix de l'âme :
« Comment se pourrait-il que de moi ceci vînt ?
Le chiffre de mes ans a passé quatre-vingt,
Et je n'ai pas de fils, et je n'ai pas de femme.

« Voilà longtemps que celle avec qui j'ai dormi,
Ô Seigneur ! a quitté ma couche pour la vôtre ;
Et nous sommes encore tout mêlés l'un à l'autre,
Elle a demi vivante et moi mort à demi.

« Une race naîtrait de moi ? Comment le croire ?
Comment se pourrait-il que j'eusse des enfants ?
Quand on est jeune, on a des matins triomphants,
Le jour sort de la nuit comme d'une victoire ;

« Mais, vieux, on tremble ainsi qu'à l'hiver le bouleau.
Je suis veuf, je suis seul, et sur moi le soir tombe,
Et je courbe, ô mon Dieu ! mon âme vers la tombe,
Comme un bœuf ayant soif penche son front vers l'eau. »

Ainsi parlait Booz dans le rêve et l'extase,
Tournant vers Dieu ses yeux par le sommeil noyés ;
Le cèdre ne sent pas une rose à sa base,
Et lui ne sentait pas une femme à ses pieds.

Pendant qu'il sommeillait, Ruth, une moabite,
S'était couchée aux pieds de Booz, le sein nu,
Espérant on ne sait quel rayon inconnu,
Quand viendrait du réveil la lumière subite.

Booz ne savait point qu'une femme était là,
Et Ruth ne savait point ce que ce Dieu voulait d'elle,
Un frais parfum sortait des touffes d'asphodèle ;
Les souffles de la nuit flottaient sur Galgala.

L'ombre était nuptiale, auguste et solennelle ;
Les anges y volaient sans doute obscurément,
Car on voyait passer dans la nuit, par moment,
Quelque chose de bleu qui paraissait une aile.

La respiration de Booz qui dormait,
Se mêlait au bruit sourd des ruisseaux sur la mousse
On était dans le mois où la nature est douce,
Les collines ayant les lys sur leur sommet.

Ruth songeait et Booz dormait ; l'herbe était noire ;
Les grelots des troupeaux palpitaient vaguement ;
Une immense bonté tombait du firmament ;
C'était l'heure tranquille où les lions vont boire.

Tout reposait dans Ur et dans Jerimadeth ;
Les astres émaillaient le ciel profond et sombre ;
Le croissant fin et clair parmi ces fleurs de l'ombre
Brillait à l'occident, et Ruth se demandait,

Immobile, ouvrant l'œil à moitié sous ses voiles,
Quel dieu, quel moissonneur de l'éternel été
Avait, en s'en allant, négligemment jeté
Cette faucille d'or dans le champ des étoiles.

LA FEMME
(Extrait)

La femme est une gloire et peut être une honte
Pour l'ouvrier divin et suspect qui la fit.
A tout le bien, à tout le mal, elle suffit.
Haine, amour, fange, esprit, fièvre, elle participe
Du gouffre, et la matière aveugle est son principe.
Elle est le mois de mai fait chair, vivant, chantant.
Qu'est-ce que le printemps ? une orgie. A l'instant
Où la femme naquit, est morte l'innocence.
Les vieux songeurs ont vu la fleur qui nous encense
Devenir femme à l'heure où l'astre éclôt au ciel,
Et, pour Orphée ainsi que pour Ezéchiel
La nature n'étant qu'un vaste hymen, l'ébauche
D'un être tentateur rit dans cette débauche ;
C'est la femme. Elle est spectre et masque, et notre sort
Est traversé par elle ; elle entre, flotte et sort.
Que nous veut-elle ? A-t-elle un but ? Par quelle issue
Cette apparition vaguement aperçue
S'est-elle dérobée ? Est-ce un souffle de nuit
Qui semble une âme errante et qui s'évanouit ?
Les sombres hommes sont une forêt, et l'ombre
Couvre leurs pas, leurs voix, leurs yeux, leur bruit, leur nombre ;
Le genre humain, mêlé sous les hauts firmaments,
Est plein de carrefours et d'entre-croisements,
Et la femme est assez blanche pour qu'on la voie
A travers cette morne et blême claire-voie.
Cette vision passe, et l'on reste effaré.
Aux chênes de Dodone, aux cèdres de Membré,
L'hiérophante ému comme le patriarche
Regarde ce fantôme inquiétant qui marche.
Non, rien ne nous dira ce que peut être au fond
Cet être en qui Satan avec Dieu se confond.

Elle résume l'ombre énorme en son essence.
Les vieux païens croyaient à la toute-puissance
De l'abîme, du lit sans fond, de l'élément ;
Ils épiaient la mer dans son enfantement ;
Pour eux, ce qui sortait de la tempête immense,
De toute l'onde en proie aux souffles en démence
Et du vaste flot vert à jamais tourmenté,
C'était le divin sphinx féminin, la Beauté,
Toute nue, infernale et céleste, insondable,
Ô gouffre ! et que peut-on voir de plus formidable,
Sous les cieux les plus noirs et les plus inconnus,
Que l'océan ayant pour écume Vénus !

L'HIVER

L'autre mois pourtant, je dois dire
Que nous ne fûmes point reçus ;
L'église avait cessé de rire ;
Un brouillard sombre était dessus ;

Plus d'oiseaux, plus de scarabées ;
Et par des bourbiers, noirs fossés,
Par toutes les feuilles tombées,
Par tous les rameaux hérissés,

Par l'eau qui détrempait l'argile,
Nous trouvâmes barricadé
Ce temple qu'eût aimé Virgile
Et que n'eût point haï Vadé.

On était au premier novembre,
Un hibou, comme nous passions,
Nous cria du fond de sa chambre :
Fermé pour réparations.

LA LÉGENDE DE LA NONNE

Venez, vous dont l'œil étincelle,
Pour entendre une histoire encor,
Approchez : je vous dirai celle
De dona Padilla de Flor.
Elle était d'Alanje, où s'entassent
Les collines et les halliers.
Enfants, voici des bœufs qui passent,
Cachez vos rouges tabliers !

Il est des filles à Grenade,
Il en est à Séville aussi,
Qui pour la moindre sérénade,
A l'amour demandent merci ;
Il en est que d'abord embrassent,
Le soir, les hardis cavaliers.
Enfants, voici des bœufs qui passent,
Cachez vos rouges tabliers.

Ce n'est pas sur ce ton frivole
Qu'il faut parler de Padilla,
Car jamais prunelle espagnole
D'un feu plus chaste ne brilla :
Elle fuyait ceux qui pourchassent
Les filles sous les peupliers.
Enfants, voici des bœufs qui passent,
Cachez vos rouges tabliers !

Elle prit le voile à Tolède,
Au grand soupir des gens du lieu,
Comme si, quand on n'est pas laide,
On avait droit d'épouser Dieu.
Peu s'en fallut que ne pleurassent
Les soudards et les écoliers.
Enfants, voici des bœufs qui passent,
Cachez vos rouges tabliers !

Or la belle à peine cloîtrée,
Amour en son cœur s'installa
Un fier brigand de la contrée
Vint alors et dit : Me voilà !
Quelquefois les brigands surpassent
En audace les chevaliers.
Enfants, voici des bœufs qui passent,
Cachez vos rouges tabliers !

Il était laid : des traits austères,
La main plus rude que le gant ;
Mais l'amour a bien des mystères,
Et la nonne aima le brigand.
On voit des biches qui remplacent
Leurs beaux cerfs par des sangliers.
Enfants, voici des bœufs qui passent,
Cachez vos rouges tabliers !

La nonne osa, dit la chronique,
Au brigand par l'enfer conduit,
Aux pieds de sainte Véronique
Donner un rendez-vous la nuit,
A l'heure où les corbeaux croassent,
Volants dans l'ombre par milliers.
Enfants, voici des bœufs qui passent,
Cachez vos rouges tabliers !

Or quand, dans la nef descendue,
La nonne appela le bandit,
Au lieu de la voix attendue,
C'est la foudre qui répondit.
Dieu voulut que ses coups frappassent
Les amants par Satan liés.
Enfants, voici des bœufs qui passent,
Cachez vos rouges tabliers !

Cette histoire de la novice,
Saint Ildefonse, abbé, voulut
Qu'afin de préserver du vice
Les vierges qui font leur salut,
Les prieurs la racontassent
Dans tous les couvents réguliers.
Enfants, voici des bœufs qui passent,
Cachez vos rouges tabliers !

DEMAIN, DÈS L'AUBE...

Demain, dès l'aube, à l'heure où blanchit la campagne,
Je partirai. Vois-tu, je sais que tu m'attends.
J'irai par la forêt, j'irai par la montagne.
Je ne puis demeurer loin de toi plus longtemps.

Je marcherai les yeux fixés sur mes pensées.
Sans rien voir au dehors, sans entendre aucun bruit,
Seul, inconnu, le dos courbé, les mains croisées,
Triste, et le jour pour moi sera comme la nuit.

Je ne regarderai ni l'or du soir qui tombe,
Ni les voiles au loin descendant vers Harfleur,
Et quand j'arriverai, je mettrai sur ta tombe
Un bouquet de houx vert et de bruyère en fleur.

LES PAUVRES GENS
(Extrait)

L'homme est en mer. Depuis l'enfance matelot,
Il livre au hasard une sombre et rude bataille.
Pluie ou bourrasque, il faut qu'il sorte, il faut qu'il aille
Car les petits enfants ont faim. Il part le soir,
Quand l'eau profonde monte aux marches du musoir.
Il gouverne à lui seul sa barque à quatre voiles.
La femme est au logis, cousant les vieilles toiles,
Remmaillant les filets, préparant l'hameçon,
Surveillant l'âtre où bout la soupe de poisson,
Puis priant Dieu sitôt que les cinq enfants dorment.
Lui seul, battu des flots qui toujours se reforment,
Il s'en va dans l'abîme, il s'en va dans la nuit.
Dur labeur ! tout est noir, tout est froid ; rien ne luit.
Dans les brisants, parmi les lames en démence,
L'endroit est bon à la pêche, et sur la mer immense,
Le lieu mobile, obscur, capricieux, changeant,
Où se plaît le poisson aux nageoires d'argent,
Ce n'est qu'un point ; c'est grand comme deux fois la chambre.
Or, la nuit, dans l'ondée et la brume, en décembre,
Pour rencontrer ce point sur le désert mouvant,
Comme il faut calculer la marée et le vent !
Comme il faut combiner sûrement les manœuvres !
Les flots le long du bord glissent, vertes couleuvres ;
Le gouffre roule et tord ses plis démesurés
Et fait râler d'horreur les agrès effarés.
Lui songe à sa Jeannie, au sein des mers glacées,
Et Jeannie en pleurant l'appelle ; et leurs pensées
Se croisent dans la nuit, divins oiseaux du cœur.

À UNE FEMME

Enfant, si j'étais roi, je donnerais l'empire,
Et mon char, et mon spectre, et mon peuple à genoux,
Et ma couronne d'or, et mes bains de porphyre,
Et mes flottes, à qui la mer ne peut suffire,
Pour un regard de vous !

Si j'étais Dieu, la terre et l'air avec les ondes,
Les anges, les démons courbés devant ma loi,
Et le profond chaos des entrailles fécondes,
L'éternité, l'espace, et les cieux, et les mondes,
Pour un baiser de toi !

SAISON DES SEMAILLES, LE SOIR

C'est le moment crépusculaire.
J'admire, assis sous un portail,
Ce reste de jour dont s'éclaire
La dernière heure du travail.

Dans les terres, de nuit baignées,
Je contemple, ému, les haillons
D'un vieillard qui jette à poignées
La moisson future aux sillons.

Sa haute silhouette noire
Domine les profonds labours.
On sent à quel point il doit croire
A la fuite utile des jours.

Il marche dans la plaine immense,
Va et vient, lance la graine au loin,
Rouvre sa main, et recommence,
Et je médite, obscur témoin,

Pendant que déployant ses voiles,
L'ombre, où se mêle une rumeur,
Semble élargir jusqu'aux étoiles
Le geste auguste du semeur.

CLAIR DE LUNE

La lune était sereine et jouait sur les flots. –
La fenêtre enfin libre est ouverte à la brise,
La sultane regarde, et la mer qui se brise,
Là-bas, d'un flot d'argent brode les noirs îlots.

De ses doigts en vibrant s'échappe la guitare.
Elle écoute... Un bruit sourd frappe les sourds échos.
Est-ce un lourd vaisseau turc qui vient des eaux de Cos,
Battant l'archipel grec de sa rame tartare ?

Sont-ce des cormorans qui plongent tour à tour,
Et coupent l'eau, qui roule en perles sur leur aile ?
Est-ce un djinn qui là-haut siffle d'une voix grêle,
Et jette dans la mer les créneaux de la tour ?

Qui trouble ainsi les flots près du sérail des femmes ?
Ni le noir cormoran, sur la vague bercé,
Ni les pierres du mur, ni le bruit cadencé
D'un lourd vaisseau, rampant sur l'onde avec des rames.

Ce sont des sacs pesants, d'où partent des sanglots.
On verrait, en sondant la mer qui les promène,
Se mouvoir dans leurs flancs comme une forme humaine.
La lune était sereine et jouait sur les flots.

JOUR DE FÊTE
aux environs de Paris

Midi chauffe et sèche la mousse ;
Les champs sont pleins de tambourins ;
On voit dans une lueur douce
Des groupes vagues et sereins.

Là-bas, à l'horizon, poudroie
Le vieux donjon de saint Louis ;
Le soleil dans toute sa joie
Accable les champs éblouis.

L'air brûlant fait, sous ses haleines
Sans murmures et sans échos,
Luire en la fournaise des plaines
La braise des coquelicots.

Les brebis paissent inégales ;
Le jour est splendide et dormant ;
Presque pas d'ombre ; les cigales
Chantent sous le bleu flamboiement.

Voilà les avoines rentrées.
Trêve au travail. Amis, du vin !
Des larges tonnes éventrées
Sort l'éclat de rire divin.

Le buveur chancelle à la table
Qui boite fraternellement.
L'ivrogne se sent véritable ;
Il oublie, ô clair firmament,

Tout, la ligne droite, la gêne,
La loi, le gendarme, l'effroi,
L'ordre ; et l'échalas de Surène
Raille le poteau de l'octroi.

L'âne broute, vieux philosophe ;
L'oreille est longue ; l'âne en rit.
Peu troublé d'un excès d'étoffe,
Et content si le pré fleurit.

Les enfants courent par volée.
Clichy montre, honneur aux anciens !
Sa grande muraille étoilée
Par la mitraille des Prussiens.

La charrette roule et cahote ;
Paris élève au loin sa voix,
Noir chiffonnier qui dans sa hotte
Porte le sombre tas des rois.

On voit au loin les cheminées
Et les dômes d'azur voilés ;
Des filles passent, couronnées
De joie et de fleurs, dans les blés.

FÉLIX ARVERS (1806-1850)

Né le 23 juillet 1806 à Paris, Félix Arvers abandonna le droit à trente ans pour se consacrer à l'écriture de pièces de théâtre qui remportèrent, en leur temps, un certain succès. Outre un drame, ***La Mort de François Ier****, on lui doit une comédie,* ***Plus de peur que de mal****, et des vaudevilles.*
Mais c'est à un seul sonnet – cité dans ce recueil – que cet ami de Musset doit sa notoriété : ***Un secret****, dédié à Marie, fille de l'écrivain Charles Nodier. Cette pièce, tirée du recueil lyrique qu'il écrivit à vingt-cinq ans,* ***Mes heures perdues*** *(préface de Théodore de Banville), fut abondamment récitée dans les salons littéraires, dont Arvers était un habitué.*

SONNET

Mon âme a son secret, ma vie a son mystère :
Un amour éternel en un moment conçu ;
Le mal est sans espoir, aussi j'ai dû le taire,
Et celle qui l'a fait n'en a jamais rien su.

Hélas ! j'aurai passé près d'elle inaperçu,
Toujours à ses côtés, et pourtant solitaire,
Et j'aurai jusqu'au bout fait mon temps sur la terre,
N'osant rien demander et n'ayant rien reçu.

Pour elle, quoique Dieu l'ait faite douce et tendre,
Elle ira son chemin, distraite, et sans entendre
Ce murmure d'amour élevé sur ses pas ;

A l'austère devoir pieusement fidèle,
Elle dira, lisant ces vers tout remplis d'elle :
« Quelle est donc cette femme ? » et ne comprendra pas.

SAINTE-BEUVE (1804-1869)

Né dans une vieille famille bourgeoise de Boulogne-sur-Mer, Charles-Augustin Sainte-Beuve, orphelin de père, a une jeunesse triste. A Paris, cet étudiant en médecine, passionné de littérature, connaît la gêne. Devenu critique littéraire dans une revue romantique, il dissèque avec talent les œuvres de ses contemporains, auxquels il fait aussi découvrir les poètes du XVI siècle.
Ami de Victor Hugo, il s'éprend de son épouse, Adèle, qui cède, plus par pitié que par passion. Elle veut surtout se venger des frasques de son insatiable époux. Rupture. Sainte-Beuve, dont Adèle sera le seul amour, va l'oublier en enseignant à Lausanne.
Élu à l'Académie française en 1844, il est nommé dix ans plus tard professeur au Collège de France mais doit démissionner de ce poste à cause de l'hostilité de ses étudiants libéraux.
Il est l'un des rares Romantiques à se rallier au second Empire, et s'éteint à la veille de l'effondrement du régime dont il a été l'un des dignitaires.

LES RAYONS JAUNES (Extrait)

Ce sont des jours confus dont reparaît la trame,
Des souvenirs d'enfance, aussi doux à notre âme
Qu'un rêve d'avenir ;
C'était à pareille heure (oh ! je me le rappelle)
Qu'après vêpres, enfants, au chœur de la chapelle,
On nous faisait venir.

La lampe brûlait jaune, et jaune aussi les cierges ;
Et la lueur glissant aux fronts voilés des vierges
Jaunissait leur blancheur ;
Et le prêtre vêtu de son étole blanche
Courbait un front jauni, comme un épi qui penche
Sous la faux du faucheur.

QUE VIENT-ELLE ME DIRE

Que vient-elle me dire, aux plus tendres instants,
En réponse aux soupirs d'une âme consumée,
Que vient-elle conter, ma folle Bien-Aimée,
De charmes défleuris, de ravages du temps,

De bandeaux de cheveux déjà moins éclatants ?
Qu'a-t-elle à me montrer sur sa tête embaumée,
Comme un peu de jasmin dans l'épaisse ramée,
Quelques rares endroits pâlis dès le printemps ?

Qu'a-t-elle ? dites-moi ! Fut-on jamais plus belle ?
Le désir la revêt d'une flamme nouvelle,
Sa taille est de quinze ans, ses yeux gagnent aux pleurs ;

Et pour mieux couronner ma jeune Fiancée,
Amour qui fait tout bien, docile à ma pensée,
Mêle à ses noirs cheveux quelque neige de fleurs.

GÉRARD DE NERVAL (1808-1855)

Gérard Labrunie, dit de Nerval, ne connaîtra jamais celle qui l'a mis au monde le 22 mai 1808. Le laissant en nourrice, elle a accompagné son mari, médecin de la grande Armée, pour mourir de fièvre en Silésie. Gérard ne cessera d'inventer des femmes mythiques, et ne s'entendra jamais avec ce père qui lui a volé sa mère.

Le docteur Labrunie voudrait que son fils soit, comme lui, médecin. Ce dernier refuse, prend le pseudonyme de Nerval, s'invente des généalogies flatteuses et devient une figure du Boulevard, grâce à un héritage qu'il dilapide avec ses amis peintres et écrivains. Il traduit le **Faust** *de Gœthe, travaille avec Dumas, fait jouer ses pièces de théâtre, voyage avec Théophile Gautier.*

A partir de 1840, les premières crises de folie apparaissent chez cet homme qui ne cesse de mêler le réel et l'imaginaire, et depuis l'enfance, de se réfugier dans le rêve. Son état ne fera qu'empirer. C'est pourtant à cette époque qu'il écrira ses plus belles œuvres. Soigné par le docteur Blanche (dans la clinique duquel Maupassant, plus tard, sera lui aussi interné) Nerval, lorsqu'il est lucide, à honte de son mal, et fuit ses amis.

Par une nuit de grand froid, il se pend rue de la Vieille-Lanterne. On retrouve son corps au matin du 26 janvier 1855. Ultime dérision, le mort a gardé son chapeau.

MÉLODIE
(Extrait)

Quand le plaisir brille en tes yeux
Pleins de douceur et d'espérance,
Quand le charme de l'existence
Embellit tes traits gracieux,
Bien souvent alors je soupire
En songeant que l'amer chagrin,
Aujourd'hui loin de toi, peut t'atteindre demain,
Et de ta bouche aimable effacer le sourire
Car le Temps, tu le sais, entraîne sur ses pas
Les illusions dissipées,
Et les yeux refroidis, et les amis ingrats,
Et les espérances trompées.
Mais crois-moi, mon amour ! tous ces charmes naissants
Que je contemple avec ivresse,
S'ils s'évanouissaient sous mes bras caressants,
Tu conserverais ma tendresse !
Si tes attraits étaient flétris,
Si tu perdais ton doux sourire,
La grâce de tes traits chéris
Et tout ce qu'en toi on admire,
Va, mon cœur n'est pas incertain :
De sa sincérité tu pourrais tout attendre.
Et mon amour, vainqueur du Temps et du Destin,
S'enlacerait à toi, plus ardent et plus tendre !

À MADAME HENRI HEINE

Vous avez des yeux noirs, et vous êtes si belle
Que le poète en vous voit luire l'étincelle
Dont s'anime la force et que nous envions :
Le génie à son tour embrase toute chose
Il vous rend sa lumière, et vous êtes la rose
Qui s'embellit sous ses rayons.

FANTAISIE

Il est un air pour qui je donnerais
Tout Rossini, tout Mozart et tout Weber
Un air très vieux, languissant et funèbre,
Qui pour moi seul a des charmes secrets !

Or chaque fois que je viens à l'entendre,
De deux cents ans mon âme rajeunit...
C'est sous Louis treize ; et je crois voir s'étendre
Un coteau vert, que le couchant jaunit,

Puis un château de brique à coins de pierre,
Aux vitraux teints de rougeâtres couleurs,
Ceint de grands parcs, avec une rivière
Baignant ses pieds, qui coule entre des fleurs ;

Puis une dame, à sa haute fenêtre,
Blonde aux yeux noirs, en ses habits anciens,
Que, dans une autre existence peut-être,
J'ai déjà vue... et dont je me souviens !

LES CYDALISES

Où sont nos amoureuses ?
Elles sont au tombeau !
Elles sont plus heureuses
Dans un séjour plus beau.

Elles sont près des anges
Dans le fond du ciel bleu,
Et chantent les louanges
De la mère de Dieu.

Ô pâle fiancée !
Ô jeune vierge en fleur !
Amante délaissée
Que flétrit la douleur !...

L'éternité profonde
Souriait dans vos yeux :
Flambeaux éteints du monde,
Rallumez-vous aux cieux !

LA GRAND'MÈRE

Voici trois ans qu'est morte ma grand'mère,
– La bonne femme ! – et, quand on l'enterra,
Parents, amis, tout le monde pleura
D'une douleur bien vraie et bien amère.

Moi seul j'errais dans la maison, surpris
Plus que chagrin ; et, comme j'étais proche
De son cercueil, – quelqu'un me fit reproche
De voir cela sans larmes et sans cris.

Douleur bruyante est bien vite passée :
Depuis trois ans, d'autres émotions,
Des biens, des maux, – des révolutions, –
Ont dans les cœurs sa mémoire effacée.

Moi seul j'y songe, et la pleure souvent ;
Depuis trois ans, par le temps prenant force
Ainsi qu'un nom gravé dans une écorce,
Son souvenir se creuse plus avant !

AVRIL

Déjà les beaux jours, la poussière,
Un ciel d'azur et de lumière,
Les murs enflammés les longs soirs ;
Et rien de vert : à peine encore
Un reflet rougeâtre décore
Les grands arbres aux rameaux noirs !

Ce beau temps me pèse et m'ennuie.
Ce n'est qu'après des jours de pluie
Que doit surgir, en un tableau,
Le printemps verdissant et rose,
Comme une nymphe fraîche éclose,
Qui, souriante, sort de l'eau.

EL DESDICHADO

Je suis le ténébreux, – le veuf, – l'inconsolé,
Le prince d'Aquitaine à la tour abolie :
Ma seule étoile est morte, – et mon luth constellé
Porte le soleil noir de la Mélancolie.

Dans la nuit du tombeau, toi qui m'as consolé,
Rends-moi le Pausilippe et la mer d'Italie,
La fleur qui plaisait tant à mon cœur désolé,
Et la treille où le pampre à la rose s'allie.

Suis-je Amour ou Phébus ?... Lusignan ou Biron ?
Mon front est rouge encor du baiser de la reine,
J'ai rêvé dans la grotte où nage la sirène...

Et j'ai deux fois vainqueur traversé l'Achéron :
Modulant tour à tour sur la lyre d'Orphée
Les soupirs de la sainte et les cris de la fée.

CHANSON GOTHIQUE

Belle épousée,
J'aime tes pleurs !
C'est la rosée
Qui sied aux fleurs.

Les belles choses
N'ont qu'un printemps,
Semons de roses
Les pas du Temps !

Soit brune ou blonde,
Faut-il choisir ?
Le Dieu du monde,
C'est le plaisir.

UNE ALLÉE DU LUXEMBOURG

Elle a passé, la jeune fille
Vive et preste comme un oiseau :
A la main une fleur qui brille,
A la bouche un refrain nouveau.

C'est peut-être la seule au monde
Dont le cœur au mien répondrait,
Qui venant dans ma nuit profonde
D'un seul regard l'éclaircirait !

Mais non, – ma jeunesse est finie...
Adieu, doux rayon qui m'as lui, –
Parfum, jeune fille, harmonie...
Le bonheur passait, – il a fui !

DANS LES BOIS

Au printemps, l'oiseau naît et chante ;
N'avez-vous pas ouï sa voix ?...
Elle est pure, simple et touchante,
La voix de l'oiseau – dans les bois !

L'été, l'oiseau cherche l'oiselle ;
Il aime, et n'aime qu'une fois.
Qu'il est doux, paisible et fidèle,
Le nid de l'oiseau – dans les bois !

Puis quand vient l'automne brumeuse,
Il se tait avant les temps froids.
Hélas ! qu'elle doit être heureuse
La mort de l'oiseau – dans les bois !

ARTEMIS

La Treizième revient... C'est encore la première ;
Et c'est toujours la Seule, – ou c'est le seul moment :
Car es-tu Reine, ô toi ! la première ou la dernière ?
Es-tu Roi, toi le Seul ou le dernier amant ?...

Aimez qui vous aima du berceau dans la bière ;
Celle que j'aimais seul m'aime encore tendrement ;
C'est la Mort – ou la Morte... Ô délice, ô tourment !
La rose qu'elle tient, c'est la *Rose trémière*.

Sainte Napolitaine aux mains pleines de feux,
Rose au cœur violet, fleur de sainte Gudule :
As-tu trouvé ta croix dans le désert des Cieux ?

Roses blanches, tombez ! vous insultez nos dieux !
Tombez, fantômes blancs, de votre ciel qui brûle :
–La sainte de l'abîme est plus sainte à mes yeux !

ÉPITAPHE

Il a vécu tantôt gai comme un sansonnet,
Tour à tour amoureux insoucieux et tendre,
Tantôt sombre et rêveur comme un triste Clitandre,
Un jour il entendit à sa porte on sonnait.

C'était la Mort ! Alors il la pria d'attendre
Qu'il eût posé le point à son dernier sonnet ;
Et puis sans s'émouvoir, il s'en alla s'étendre
Au fond du coffre froid où son corps frissonnait.

Il était paresseux, à ce que dit l'histoire,
Il laissait trop sécher l'encre dans l'écritoire.
Il voulait tout savoir mais il n'a rien connu.

Et quand vint le moment où, las de cette vie,
Un soir d'hiver, enfin l'âme lui fut ravie
Il s'en alla disant : « Pourquoi suis-je venu ? »

PETRUS BOREL (1809-1859)

Né à Lyon, Pierre Borel d'Hauterive, après des études d'architecte, publie des poèmes révoltés **Les Rhapsodies** *(1832) et des romans où le fantastique côtoie l'horrible. En 1846, renonçant à la vie littéraire, il devient le secrétaire du maréchal Bugeaud puis administrateur-maire d'une ville près de Mostaganem. Bien que révoqué par l'administration, avec laquelle il est entré en conflit, en 1855, il reste sur ses terres et y meurt quatre ans plus tard d'une insolation.*

LA SOIF DES AMOURS

Viens, accours, fille jolie !
Viens, que j'oublie en ton sein
Le chagrin,
Qui, partout, dans cette vie,
Suit le pauvre pèlerin.

Qu'un autre envieux de la gloire
Dans le tracas coule ses jours ;
Moi, toujours,
Riant de ce mot illusoire
Je n'ai que la soif des amours !

Viens, accours, fille jolie !
Viens, que j'oublie en ton sein
Le chagrin,
Qui, partout, dans cette vie,
Suit le pauvre pèlerin.

Qu'un buveur, la tasse remplie,
Aux coteaux consacre ses jours ;
Moi, toujours,
Sans goût savourant l'ambroisie ;
Je n'ai que la soif des amours !

Viens, accours, fille jolie !
Viens, que j'oublie en ton sein
Le chagrin,
Qui, partout, dans cette vie,
Suit le pauvre pèlerin.

Qu'un ladre accumulant sans cesse,
Sur ses trésors traîne ses jours ;
Moi, toujours,
Méprisant honneurs et richesse,
Je n'ai que soif des amours !

Viens, accours, fille jolie !
Viens, que j'oublie en ton sein
Le chagrin,
Qui, partout, dans cette vie,
Suit le pauvre pèlerin.

Qu'un Anglais trace sur la tombe
Des vers sombres comme ses jours ;
Moi, toujours,
Sur des fleurs ma lyre retombe ;
Je n'ai que soif des amours !

Viens, accours, fille jolie !
Viens, que j'oublie en ton sein
Le chagrin,
Qui, partout, dans cette vie,
Suit le pauvre pèlerin.

Le temps éteindra sous ses ailes
Les feux ardents de mes beaux jours ;
Moi, toujours,
Je serai galant près des belles.
Je n'ai que soif des amours !

Viens, accours, fille jolie !
Viens, que j'oublie en ton sein
Le chagrin...

XAVIER FORNERET (1809-1884)

Xavier Forneret, né et mort à Beaune, est un inclassable. Sa fortune lui permit de faire éditer ses œuvres à compte d'auteur, pièces de théâtre, contes, maximes, poèmes... qu'il signa parfois « L'Homme noir ». Ignoré de son vivant, il fut « découvert » par André Breton qui en fit un précurseur du Surréalisme.

UN PAUVRE HONTEUX

Il l'a tirée
De sa poche percée
L'a mise sous ses yeux :
Et l'a bien regardée
En disant « Malheureux ! »

Il l'a soufflée
De sa bouche humectée :
Il avait presque peur
D'une horrible pensée
Qui vint le prendre au cœur.

Il l'a mouillée
D'une larme gelée
Qui fondit par hasard :
Sa chambre était trouée
Encor plus qu'un bazar.

Il l'a frottée
Ne l'a pas réchauffée,
A peine il la sentait :
Car, par le froid pincée
Elle se retirait.

Il l'a pesée
Comme on pèse une idée.
En l'appuyant sur l'air.
Puis l'a mesurée
Avec du fil de fer.

Il l'a touchée
De sa lèvre ridée. –
D'un frénétique effroi
Elle s'est écriée :
dieu, embrasse-moi !

Il l'a baisée
Et après l'a croisée
Sur l'horloge du corps,
Qui rendait, mal montée
Des mats et lourds accords.

Il l'a palpée
D'une main décidée
A la faire mourir.
– Oui c'est une bouchée
Dont on peut se nourrir.

Il l'a pliée
Il l'a cassée ;
Il l'a placée,
Il l'a coupée,
Il l'a lavée,
Il l'a portée,
Il l'a grillée,
Il l'a mangée

Quand il n'était pas grand, on lui avait dit :
–Si tu as faim, mange une de tes mains.

ALFRED DE MUSSET (1810-1857)

Enfant prodigue, puis adolescent brillant, Alfred de Musset, né en 1810, choisit la vie littéraire plutôt que Polytechnique. Ses premiers poèmes séduisent Sainte-Beuve et Théodore de Banville. Enivré par ses premiers succès, il se comporte en dandy, dénigre l'ordre bourgeois. Pendant deux ans, il vit une passion tourmentée avec George Sand.

Instable, malade, souvent ivre, en proie aux hallucinations, il écrit ses **Nuits** *tout en entretenant des liaisons orageuses avec ses maîtresses. Celui dont on louait le talent précoce a perdu son imagination et sa sensibilité, et ne supporte pas l'échec de ses pièces, qui sont régulièrement refusées par les directeurs de théâtre. (***Lorenzaccio,*** l'une des plus belles pièces du théâtre du XIXe siècle, écrite en 1834, ne sera jouée qu'en 1896.)*

Lorsqu'il est reçu à l'Académie française, à quarante-deux ans, c'est déjà un homme fini, détruit par l'alcool, rongé par le dégoût de soi. « Âme trop ardente pour se contenter du réel de la vie » (Stendhal), il meurt le 2 mars 1857.

LA NUIT D'AOÛT
(Extrait)

Ô Muse ! que m'importe ou la mort ou la vie ?
J'aime, et je veux pâlir ; j'aime et je veux souffrir ;
J'aime, et pour un baiser je donne mon génie ;
J'aime, et je veux sentir sur ma joue amaigrie
Ruisseler une source impossible à tarir.

J'aime, et je veux chanter la joie et la paresse,
Ma folle expérience et mes soucis d'un jour,
Et je veux raconter et répéter sans cesse
Qu'après avoir juré de vivre sans maîtresse,
J'ai fait serment de vivre et de mourir d'amour.

Dépouille devant tous l'orgueil qui te dévore,
Cœur gonflé d'amertume et qui t'es cru fermé.
Aime, et tu renaîtras ; fais-toi fleur pour éclore.
Après avoir souffert, il faut souffrir encore ;
Il faut aimer sans cesse, après avoir aimé.

QUAND J'AI PASSÉ PAR LA PRAIRIE...

(...)
Quand j'ai passé par la prairie,
J'ai vu, ce soir, dans le sentier,
Une fleur tremblante et flétrie,
Une pâle fleur d'églantier.
Un bourgeon vert à côté d'elle
Se balançait sur l'arbrisseau ;
Je vis poindre une fleur nouvelle ;
La plus jeune était la plus belle :
L'homme est ainsi, toujours nouveau.

À NINON

Si je vous le disais pourtant, que je vous aime,
Qui sait, brune aux yeux bleus, ce que vous en diriez ?
L'amour, vous le savez, cause une peine extrême ;
C'est un mal sans pitié que vous plaignez vous-même ;
Peut-être cependant que vous m'en puniriez.

Si je vous le disais, que six mois de silence
Cachent de longs tourments et des vœux insensés ;
Ninon, vous êtes fine, et votre insouciance
Se plaît, comme une fée, à deviner d'avance ;
Vous me répondriez peut-être : je le sais.

Si je vous le disais, qu'une douce folie
A fait de moi votre ombre, et m'attache à vos pas ;
Un petit air de doute et de mélancolie,
Vous le savez, Ninon, vous rend bien plus jolie ;
Peut-être diriez-vous que vous n'y croyez pas.

Si je vous le disais, que j'emporte dans l'âme
Jusques aux moindres mots de nos propos du soir :
Un regard offensé, vous le savez, madame,
Change deux yeux d'azur en deux éclairs de flamme ;
Vous me défendriez peut-être de vous voir.

Si je vous le disais, que chaque nuit je veille,
Que chaque jour je pleure et je prie à genoux ;
Ninon, quand vous riez, vous savez qu'une abeille
Prendrait pour une fleur votre bouche vermeille ;
Si je vous le disais, peut-être en ririez-vous.

Mais vous n'en saurez rien. Je viens, sans rien en dire,
M'asseoir sous votre lampe et causer avec vous ;
Votre voix, je l'entends ; votre air, je le respire ;
Et vous pouvez douter, deviner et sourire,
Vos yeux ne verront pas de quoi m'être moins doux.

Je récolte en secret des fleurs mystérieuses :
Le soir, derrière vous, j'écoute au piano
Chanter sur le clavier vos mains harmonieuses,
Et dans les tourbillons de nos valses joyeuses,
Je vous sens, dans mes bras, plier comme un roseau.

La nuit, quand de si loin le monde nous sépare,
Quand je rentre chez moi pour tirer mes verrous,
De mille souvenirs en jaloux je m'empare ;
Et là, seul devant Dieu, plein d'une joie avare,
J'ouvre, comme un trésor, mon cœur tout plein de vous.

J'aime, et je sais répondre avec indifférence ;
J'aime, et rien ne le dit ; j'aime, et seul je le sais ;
Et mon secret m'est cher, et chère ma souffrance ;
Et j'ai fait le serment d'aimer sans espérance,
Mais non pas sans bonheur ; je vous vois, c'est assez.

Non, je n'étais pas né pour ce bonheur suprême,
De mourir dans vos bras et de vivre à vos pieds.
Tout me le prouve, hélas ! jusqu'à ma douleur même...
Si je vous le disais pourtant, que je vous aime,
Qui sait, brune aux yeux bleus, ce que vous en diriez ?

VENISE

Dans Venise la rouge,
Pas un bateau qui bouge,
Pas un pêcheur dans l'eau,
Pas un falot.

Seul, assis sur la grève,
Le grand lion soulève,
Sur l'horizon serein,
Son pied d'airain.

Autour de lui, par groupes,
Navires et chaloupes,
Pareils à des hérons
Couchés en ronds,

Dorment sur l'eau qui fume,
Et croisent dans la brume,
En légers tourbillons,
Leurs pavillons.

La lune qui s'efface
Couvre son front qui passe
D'un nuage étoilé
Demi-voilé.

Ainsi, la dame abbesse
De Sainte-Croix rabaisse
Sa cape aux larges plis
Sur son surplis.

Et les palais antiques,
Et les graves portiques,
Et les blancs escaliers
Des chevaliers,

Et les ponts, et les rues,
Et les mornes statues,
Et le golfe mouvant
Qui tremble au vent,

Tout se tait, fors les gardes
Aux longues hallebardes,
Qui veillent aux créneaux
Des arsenaux.

– Ah ! maintenant plus d'une
Attend au clair de lune,
Quelque jeune muguet,
L'oreille au guet.

Pour le bal qu'on prépare,
Plus d'une qui se pare,
Met devant son miroir
Le masque noir.

Sur sa couche embaumée,
La Vanina pâmée
Presse encor son amant,
En s'endormant ;

Et Narcisa, la folle,
Au fond de sa gondole,
S'oublie en un festin
Jusqu'au matin.

Et qui, dans l'Italie,
N'a son grain de folie ?
Qui ne garde aux amours
Ses plus beaux jours ?

Laissons la vieille horloge,
Au palais du vieux doge,
Lui compter de ses nuits
Les longs ennuis.

Comptons plutôt, ma belle,
Sur ta bouche rebelle
Tant de baisers donnés...
Ou pardonnés.

Comptons plutôt tes charmes,
Comptons les douces larmes,
Qu'à nos yeux a coûté
La volupté !

CHANSON DE FORTUNIO

Si vous croyez que je vais dire
Qui j'ose aimer,
Je ne saurais, pour un empire,
Vous la nommer.

Nous allons chanter à la ronde,
Si vous voulez,
Que je l'adore et qu'elle est blonde
Comme les blés.

Je fais ce que sa fantaisie
Veut m'ordonner,
Et je puis, s'il lui faut ma vie,
La lui donner.

Du mal qu'une amour ignorée
Nous fait souffrir,
J'en porte l'âme déchirée
Jusqu'à mourir.

Mais j'aime trop pour que je die
Qui j'ose aimer,
Et je veux mourir pour ma mie
Sans la nommer.

ET MAINTENANT, BLONDE RÊVEUSE

(...)
– Et maintenant, bonde rêveuse,
Maintenant, Muse, à nos amours !
Dis-moi quelque chanson joyeuse,
Comme au premier temps des beaux jours.
Déjà la pelouse embaumée
Sent les approches du matin ;
Viens éveiller ma bien-aimée,
Et cueillir les fleurs du jardin.
Viens voir la nature immortelle
Sortir des voiles du sommeil ;
Nous allons renaître avec elle
Au premier rayon du soleil.

À JULIE

On me demande, par les rues,
Pourquoi je vais bayant aux grues,
Fumant mon cigare au soleil,
A quoi se passe ma jeunesse,
Et depuis trois ans de paresse
Ce qu'on fait mes nuits sans sommeil.

Donne-moi tes lèvres, Julie ;
Les folles nuits qui t'ont pâlie
Ont séché leur corail luisant.
Parfume-les de ton haleine ;
Donne-les moi, mon Africaine,
Tes belles lèvres de pur-sang.

Mon imprimeur crie à tue-tête
Que sa machine est toujours prête,
Et que la mienne n'en peut mais.
D'honnêtes gens, qu'un club admire,
N'ont pas dédaigné de prédire
Que je ne reviendra jamais.

Julie, as-tu du vin d'Espagne ?
Hier, nous battions la campagne ;
Va donc voir s'il en reste encor.
Ta bouche est brûlante, Julie ;
Inventons donc quelque folie
Qui nous perde l'âme et le corps.

On dit que ma gourme me rentre,
Que je n'ai plus rien dans le ventre,
Que je suis vide à faire peur ;
Je crois, si j'en valais la peine,
Qu'on m'enverrait à Sainte-Hélène,
Avec un cancer dans le cœur.

Allons Julie, il faut t'attendre
A me voir quelque jour en cendre,
Comme Hercule sur son rocher.
Puisque c'est par toi que j'expire,
Ouvre ta robe, Déjanire,
Que je monte sur mon bûcher.

CHANSON

A Saint-Blaise, à la Zuecca,
Vous étiez, vous étiez bien aise
A Saint-Blaise.
A Saint-Blaise, à la Zuecca,
Nous étions bien là.

Mais de vous en souvenir
Prendrez-vous la peine ?
Mais de vous en souvenir
Et d'y revenir,

A Saint-Blaise, à la Zuecca,
Dans les près fleuris cueillir la verveine,
A Saint-Blaise, à la Zuecca,
Vivre et mourir là !

RAPPELLE-TOI

(Vergiss mein nicht.
Paroles faites sur une musique de Mozart)

Rappelle-toi, quand l'Aurore craintive
Ouvre au Soleil son palais enchanté;
Rappelle-toi, lorsque la nuit pensive
Passe en rêvant sous son voile argenté;
A l'appel du plaisir lorsque ton sein palpite,
Aux doux songes du soir lorsque l'ombre t'invite,
Écoute au fond des bois
Murmurer une voix :
Rappelle-toi.

Rappelle-toi, lorsque les destinées
M'auront de toi pour jamais séparé,
Quand le chagrin, l'exil et les années
Auront flétri ce cœur désespéré;
Songe à mon triste amour, songe à l'adieu suprême!
L'absence ni le temps ne sont rien quand on aime.
Tant que mon cœur battra,
Toujours il te dira :
Rappelle-toi.

Rappelle-toi, quand sous la froide terre
Mon cœur brisé pour toujours dormira;
Rappelle-toi, quand la fleur solitaire
Sur mon tombeau doucement s'ouvrira.
Je ne te verrai plus; mais mon âme immortelle
Reviendra près de toi comme une sœur fidèle.
Écoute, dans la nuit,
Une voix qui gémit :
Rappelle-toi.

JAMAIS

Jamais, avez-vous dit, tandis qu'autour de nous
Résonnait de Schubert la plaintive musique ;
Jamais, avez-vous dit, tandis que, malgré vous,
Brillait de vos grands yeux l'azur mélancolique.

Jamais, répétiez-vous, pâle et d'un air si doux
Qu'on eût cru voir sourire une médaille antique.
Mais des trésors secrets l'instinct fier et pudique
Vous couvrir de rougeur, comme un voile jaloux.

Quel mot vous prononcez, marquise, et quel dommage !
Hélas ! je ne voyais ni ce charmant visage,
Ni ce divin sourire, en vous parlant d'aimer.

Vos yeux bleus sont moins doux que votre âme n'est belle.
Même en les regardant, je ne regrettais qu'elle,
Et de voir dans sa fleur un tel cœur se fermer.

A MADAME G. (*Rondeau*)

Dans dix ans d'ici seulement,
Vous serez un peu moins cruelle
C'est long, à parler franchement.
L'amour viendra probablement
Donner à l'horloge un coup d'aile.

Votre beauté nous ensorcelle,
Prenez-y garde cependant :
On apprend plus d'une nouvelle,
En dix ans.

Quand ce temps viendra, d'un amant
Je serai le parfait modèle,
Trop bête pour être inconstant
Et trop laid pour être infidèle.
Mais vous serez encor trop belle
Dans dix ans.

JE RASSEMBLAIS DES LETTRES...
(Extrait)

Je rassemblais des lettres de la veille,
Des cheveux, des débris d'amour.
Tout ce passé me criait à l'oreille
Ses éternels serments d'un jour.
Je contemplais ces reliques sacrées,
Qui me faisaient trembler la main :
Larmes du cœur par le cœur dévorées,
Et que les yeux qui les avaient pleurées
Ne reconnaîtront plus demain !

J'enveloppais dans un morceau de bure
Ces ruines des jours heureux.
Je me disais qu'ici-bas ce qui dure,
C'est une mèche de cheveux.
Comme un plongeur dans une mer profonde,
Je me perdais dans tant d'oubli.
De tous côtés j'y retournais la sonde,
Et je pleurais, seul, loin des yeux du monde,
Mon pauvre amour enseveli.

PAR UN MAUVAIS TEMPS

Elle a mis, depuis que je l'aime
(Bien longtemps, peut-être toujours),
Bien des robes, jamais la même ;
Palmire a dû compter les jours.

Mais, quand vous êtes revenue,
Votre bras léger sous le mien,
Il faisait, dans cette avenue,
Un froid de loup, un temps de chien.

Vous m'aimiez un peu, mon bel ange,
Et, tandis que vous bavardiez,
Dans cette pluie et cette fange
Se mouillaient vos chers petits pieds.

Songeait-elle, ta jambe fine,
Quand tu parlais de nos amours,
Qu'elle allait porter sous l'hermine
Le satin, l'or et le velours ?

Si jamais mon cœur désavoue
Ce qu'il sentit en ce moment,
Puisse à mon front sauter la boue
Où tu marchais si bravement !

LE LEVER

Assez dormi, ma belle !
Ta cavale isabelle
Hennit sous tes balcons.
Vois tes piqueurs alertes,
Et sur leurs manches vertes
Les pieds noirs des faucons.

Vois écuyers et pages,
En galants équipages,
Sans rochet ni pourpoint,
Têtes chaperonnées,
Traîner les haquenées,
Leur arbalète au poing.

Vois bondir dans les herbes
Les lévriers superbes,
Les chiens trapus crier,
En chasse, et chasse heureuse !
Allons, mon amoureuse,
Le pied dans l'étrier !

Et d'abord, sous la moire,
Avec ce bras d'ivoire
Enfermons ce beau sein,
Dont la forme divine,
Pour que l'œil la devine,
Reste aux plis du coussin.

Oh ! sur ton front qui penche,
J'aime à voir ta main blanche
Peigner tes cheveux noirs ;
Beaux cheveux qu'on rassemble
Les matins, et qu'ensemble
Nous défaisons les soirs !

Allons mon intrépide,
Ta cavale rapide
Frappe du pied le sol,
Et ton bouffon balance,
Comme un soldat sa lance
Son joyeux parasol !

Mets ton écharpe blonde
Sur ton épaule ronde,
Sur ton corsage d'or,
Et je vais, ma charmante,
T'emporter dans ta mante,
Comme un enfant qui dort !

MES CHERS AMIS, QUAND JE MOURRAI...

Mes chers amis, quand je mourrai
Plantez un saule au cimetière
J'aime son feuillage éploré ;
La pâleur m'en est douce et chère
Et son ombre sera légère
A la terre où je dormirai.

SONNET

Que j'aime le premier frisson d'hiver ! le chaume
Sous le pied du chasseur, refusant de ployer !
Quand vient la pie aux champs que le foin vert embaume,
Au fond du vieux château s'éveille le foyer ;

C'est le temps de la ville. – Oh ! lorsque, l'an dernier,
J'y revins, que je vis ce bon Louvre et son dôme
Paris et sa fumée, et tout ce beau royaume
(J'entends encore au vent les postillons crier),

Que j'aimais ce temps gris, ces passants et la Seine
Sous ses mille falots assise en souveraine !
J'allais revoir l'hiver. – Et toi, ma vie, et toi !

Oh ! dans tes longs regards j'allais tremper mon âme ;
Je saluais tes murs. – Car, qui m'eût dit, madame,
Que votre cœur si tôt avait changé pour moi ?

TRISTESSE

J'ai perdu ma force et ma vie
Et mes amis et ma gaieté ;
J'ai perdu jusqu'à la fierté
Qui faisait croire à mon génie.

Quand j'ai connu la Vérité,
J'ai cru que c'était une amie ;
Quand je l'ai comprise et sentie,
J'en étais déjà dégoûté.

Et pourtant elle est éternelle,
Et ceux qui se sont passés d'elle
Ici-bas ont tout ignoré.

Dieu parle, il faut qu'on lui réponde.
Le seul bien qui me reste au monde
Est d'avoir quelquefois pleuré.

POÈTE, PRENDS TON LUTH...

Poète, prends ton luth et me donne un baiser;
La fleur de l'églantier sent ses bourgeons éclore.
Le printemps naît ce soir; les vents vont s'embraser;
Et la bergeronnette, en attendant l'aurore,
Aux premiers buissons verts commence à se poser.
Poète, prends ton luth et me donne un baiser.
(...)
Poète, prends ton luth; la nuit, sur la pelouse,
Balance le zéphyr dans son voile odorant.
La rose, vierge encor, se referme jalouse
Sur le frelon nacré qu'elle enivre en mourant.
Écoute! tout se tait; songe à ta bien-aimée.
Ce soir, sous les tilleuls, à la sombre ramée
Le rayon du couchant laisse un adieu plus doux.
Ce soir, tout va fleurir; l'immortelle nature
Se remplit de parfums, d'amour et de murmure,
Comme le lit joyeux de deux jeunes époux.

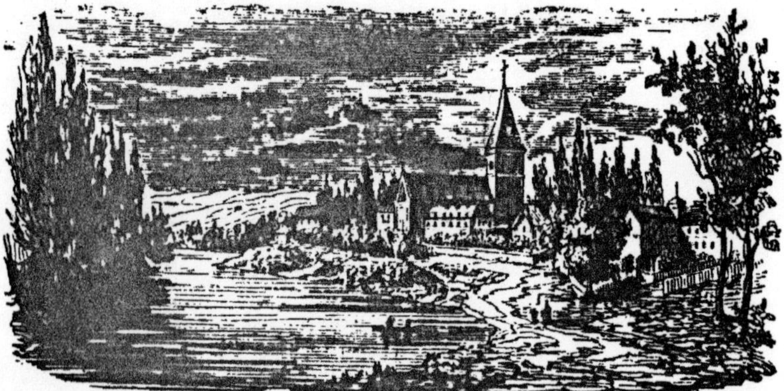

À JUANA

Ô ciel ! je vous revois madame, –
De tous les amours de mon âme
Vous le plus tendre et le premier.
Vous souvient-il de notre histoire ?
Moi, j'en ai gardé la mémoire : –
C'était, je crois, l'été dernier.

Ah ! marquise, quand on y pense,
Ce temps qu'en folie on dépense,
Comme il nous échappe et nous fuit !
Sais-tu bien, ma vieille maîtresse,
Qu'à l'hiver, sans qu'il y paraisse,
J'aurai vingt ans, et toi dix-huit ?

Eh bien m'amour, sans flatterie,
Si ma rose est un peu pâlie,
Elle a conservé sa beauté.
Enfant ! jamais tête espagnole
Ne fut si belle, ni si folle. –
Te souviens-tu de cet été ?

De nos soirs, de notre querelle ?
Tu me donnas, je me rappelle,
Ton collier d'or pour m'apaiser, –
Et pendant trois nuits, que je meure,
Je m'éveillai tous les quarts d'heure,
Pour le voir et pour le baiser.

Et ta duègne, ô duègne damnée !
Et la diabolique journée
Où tu pensas faire mourir,
Ô ma perle d'Andalousie,
Ton vieux mari de jalousie,
Et ton jeune amant de plaisir !

Ah ! prenez-y garde, marquise,
Cet amour-là, quoi qu'on en dise,
Se retrouvera quelque jour.
Quand un cœur vous a contenue,
Juana, la place est devenue
Trop vaste pour un autre amour.

Mais que dis-je ? ainsi va le monde.
Comment lutterais-je avec l'onde
Dont les flots ne reculent pas ?
Ferme tes yeux, tes bras, ton âme ;
Adieu la vie, – adieu madame,
Ainsi va le monde ici-bas.

Le temps emporte sur son aile
Et le printemps et l'hirondelle,
Et la vie et les jours perdus ;
Tout s'en va comme la fumée,
L'espérance et la renommée
Et moi qui vous ai tant aimée,
Et toi qui ne t'en souviens plus !

ADIEU

Adieu ! je crois qu'en cette vie
Je ne te reverrai jamais.
Dieu passe, il t'appelle et m'oublie ;
En te perdant je sens que je t'aimais.

Pas de pleurs, pas de plainte vaine.
Je sais respecter l'avenir.
Vienne la voile qui t'emmène,
En souriant je la verrai partir.

Tu t'en vas pleine d'espérance,
Avec orgueil tu reviendras ;
Mais ceux qui vont souffrir de ton absence,
Tu ne les reconnaîtras pas.

Adieu ! tu vas faire un beau rêve
Et t'enivrer d'un plaisir dangereux ;
Sur ton chemin l'étoile qui se lève
Longtemps encor éblouira tes yeux.

Un jour tu sentiras peut-être
Le prix d'un cœur qui nous comprend,
Le bien qu'on trouve à le connaître,
Et ce qu'on souffre en le perdant.

THÉOPHILE GAUTIER (1811-1872)

A Tarbes où il naquit, Théophile Gautier déclara vouloir être artiste, et sa famille ne le découragea pas. Il se destinait à la peinture mais, à Paris, sa rencontre avec Victor Hugo lui fit choisir la poésie. Le dandy qui faisait le coup de poing dans un superbe gilet de satin rouge lors de cette « bataille d'Hernani » qui vit le triomphe du théâtre romantique, devint, au fil des ans, un maître es poésie. Ses conceptions furent reprises par les Parnassiens. Baudelaire lui dédia ses ***Fleurs du Mal.***
Pour nourrir sa famille, Gautier, qui avait épousé une danseuse italienne dont il eut deux filles, (l'une d'elles, Judith, fut elle aussi poète) dut se consacrer, malgré lui, au journalisme.
Parmi ses œuvres les plus célèbres, ***Émaux et Camées,*** *en poésie, et* ***Le Roman de la Momie,*** *le* ***Capitaine Fracasse*** *et* ***Mademoiselle de Maupin,*** *en littérature. Celui que ses amis surnommait « le bon Théo » vécut sagement ses dernières années au milieu d'une cour d'admirateurs, et s'éteignit à Neuilly en 1872.*

L'AUBÉPINE FLEURIT...

L'aubépine fleurit ; les frêles pâquerettes,
Pour fêter le printemps, ont mis leurs collerettes ;
La pâle violette, en son réduit obscur,
Timide, essaye au jour son doux regard d'azur,
Et le gai bouton d'or, lumineuse parcelle,
Pique le gazon vert de sa jaune étincelle.
Le muguet tout joyeux, agite ses grelots,
Et les sureaux sont blancs des bouquets frais éclos ;
Les fossés ont des fleurs à remplir vingt corbeilles,
A rendre riche en miel tout un peuple d'abeilles.

POUR VEINER DE SON FRONT...

Pour veiner de son front la pâleur délicate,
Le Japon a donné son plus limpide azur ;
La blanche porcelaine est d'un blanc bien moins pur
Que son col transparent et ses tempes d'agate.

Dans sa prunelle humide un doux rayon éclate ;
Le chant du rossignol près de sa voix est dur.
Et, quand elle se lève à notre ciel obscur,
On dirait de la lune en sa robe d'ouate.

Ses yeux d'argent bruni roulent moelleusement ;
Le caprice a taillé son petit nez charmant ;
Sa bouche a des rougeurs de pêche et de framboise ;

Ses mouvements sont pleins d'une grâce chinoise,
Et près d'elle on respire autour de sa santé
Quelque chose de doux comme l'odeur du thé.

J'AIME D'UN FOL AMOUR...

J'aime d'un fol amour les monts fiers et sublimes !
Les plantes n'osent pas poser leurs pieds frileux
Sur le linceul d'argent qui recouvre leurs cimes ;
Le soc s'émousserait à leurs pics anguleux.

Ni vigne aux bras lascifs, ni blés dorés, ni seigles ;
Rien qui rappelle l'homme et le travail maudit.
Dans leur air libre et pur nagent des essaims d'aigles,
Et l'écho du rocher siffle l'air du bandit.

Ils ne rapportent rien et ne sont pas utiles ;
Ils n'ont que leur beauté, je le sais, c'est bien peu ;
Mais moi, je les préfère aux champs gras et fertiles,
Qui sont si loin du ciel qu'on n'y voit jamais Dieu !

À UNE ROBE ROSE

Que tu me plais dans cette robe
Qui te déshabille si bien
Faisant jaillir ta gorge en globe,
Montrant tout nu ton bras païen !

Frêle comme une aile d'abeille,
Frais comme un cœur de rose thé,
Son tissu, caresse vermeille,
Voltige autour de ta beauté.

De l'épiderme sur la soie
Glissent des frissons argentés
Et l'étoffe à la chair renvoie
Ses éclairs roses reflétés.

D'où te vient cette robe étrange
Qui semble faire de ta chair,
Trame vivante qui mélange
Avec ta peau son rose clair ?

Est-ce la rougeur de l'aurore,
A la coquille de Vénus,
Au bouton de sein près d'éclore,
Que sont pris ces tons inconnus ?

Ou bien l'étoffe est-elle teinte
Dans les roses de ta pudeur ?
Non ; vingt fois modelée et peinte,
Ta forme connaît sa splendeur.

Jetant le voile qui te pèse,
Réalité que l'art rêva,
Comme la princesse Borghèse
Tu poserais pour Canova.

Et ces plis roses sont les lèvres
De mes désirs inapaisés,
Mettant au corps dont tu les sèvres
Une tunique de baisers.

DANS LA RUE

Il est un vieil air populaire
Par tous les violons raclé,
Aux abois des chiens en colère
Par tous les orgues nasillé.

Les tabatières à musique
L'ont sur leur répertoire inscrit ;
Pour les serins il est classique,
Et ma grand-mère, enfant, l'apprit.

Sur cet air, pistons, clarinettes,
Dans les bals aux poudreux berceaux,
Font sauter commis et grisettes,
Et de leurs nids fuir les oiseaux.

La guinguette, sous sa tonnelle
De houblon et de chèvrefeuil,
Fête, en braillant la ritournelle,
Le gai dimanche et l'argenteuil.

LE CHÂTEAU DU SOUVENIR

La main au front, le pied dans l'âtre,
Je songe et cherche à revenir,
Par-delà le passé grisâtre,
Au vieux château du Souvenir.

Une gaze de brume estompe
Arbres, maisons, plaines, coteaux,
Et l'œil au carrefour qui trompe
En vain consulte les poteaux.

J'avance parmi les décombres
De tout un monde enseveli,
Dans le mystère des pénombres,
A travers des limbes d'oubli.

Mais voici, blanche et diaphane,
La Mémoire, au bord du chemin,
Qui me remet, comme Ariane,
Son peloton de fil en main. (...)

Les cires fondent consumées,
Sous les cendres s'éteint le feu,
Du parquet montent des fumées ;
Château du Souvenir, adieu !

Encore une autre fois décembre
Va retourner le sablier.
Le présent entre dans ma chambre
Et me dit en vain d'oublier

L'aveugle au basson qui pleurniche
L'écorche en se trompant de doigts ;
La sébile aux dents, son caniche
Près de lui le grogne à mi-voix.

Et les petites guitaristes,
Maigres sous leurs minces tartans,
Le glapissent de leurs voix tristes
Aux tables des cafés chantants.

Paganini, le fantastique,
Un soir, comme avec un crochet,
A ramassé le thème antique
Du bout de son divin archet,

Et, brodant la gaze fanée
Que l'oripeau rougit encor,
Fait sur la phrase dédaignée
Courir ses arabesques d'or.

LA FONTAINE DU CIMETIÈRE

A la morne chartreuse, entre des murs de pierre,
En place du jardin l'on voit un cimetière,
Un cimetière nu comme un sillon fauché,
Sans croix, sans monument, sans tertre qui se hausse :
L'oubli couvre le nom, l'herbe couvre la fosse ;
La mère ignorerait où son fils est couché.

Les végétations maladives du cloître
Seules sur ce terrain peuvent germer et croître,
Dans l'humidité froide à l'ombre des longs murs ;
Des morts abandonnés douces consolatrices,
Les fleurs n'oseraient pas incliner leurs calices
Sur le vague tombeau de ces dormeurs obscurs.

Au milieu, deux cyprès à la noire verdure
Profilent tristement leur silhouette dure,
Longs soupirs de feuillage élancés vers les cieux,
Pendant que du bassin d'une avare fontaine
Tombe en frange effilée une nappe incertaine,
Comme des pleurs furtifs qui débordent des yeux.

Par les saints ossements des vieux moines filtrée,
L'eau coule à flots si clairs dans la vasque éplorée,
Que pour en boire un peu je m'approchai du bord...
Dans le cristal glacé quand je trempai ma lèvre,
Je me sentis saisi par un frisson de fièvre :
Cette eau de diamant avait un goût de mort !

CARNAVAL

Venise pour le bal s'habille.
De paillettes tout étoilé,
Scintille, fourmille et babille
Le carnaval bariolé.

Arlequin, nègre par son masque,
Serpent par ses mille couleurs,
Rosse d'une note fantasque
Cassandre son souffre-douleur.

Battant de l'aile avec sa manche
Comme un pingouin sur un écueil,
Le blanc Pierrot, par une blanche,
Passe la tête et cligne l'œil.

Le Docteur bolonais rabâche
Avec la basse aux sons traînés ;
Polichinelle, qui se fâche,
Se trouve une croche pour nez.

Heurtant Trivelin qui se mouche
Avec un trille extravagant,
A Colombine Scaramouche
Rend son éventail ou son gant.

Sur une cadence se glisse
Un domino ne laissant voir
Qu'un main regard en coulisse
Aux paupières de satin noir.

Ah ! fine barbe de dentelle
Que fait voler un souffle pur,
Cet arpège m'a dit : C'est elle !
Malgré tes réseaux, j'en suis sûr.

Et j'ai reconnu, rose et fraîche,
Sous l'affreux profil de carton
Sa lève au fin duvet de pêche,
Et la mouche de son menton.

L'ART *(extrait)*

Tout passe. L'art robuste
Seul a l'éternité.
Le buste
Survit à la cité.

Et la médaille austère
Que trouve un laboureur
Sous terre
Révèle un empereur.

Les dieux eux-mêmes meurent
Mais les vers souverains
Demeurent
Plus forts que les airains.

CARMEN

Carmen est maigre – un trait de bistre
Cerne son œil de gitana.
Ses cheveux sont d'un noir sinistre,
Sa peau, le diable la tanna.

Les femmes disent qu'elle est laide,
Mais tous les hommes en sont fous,
Et l'archevêque de Tolède
Chante la messe à ses genoux ;

Car sur sa nuque d'ambre fauve
Se tord un énorme chignon
Qui, dénoué, fait dans l'alcôve
Une mante à son corps mignon.

Et, parmi sa pâleur, éclate
Une bouche aux rires vainqueurs ;
Piment rouge, fleur écarlate,
Qui prend sa pourpre au sang des cœurs.

Ainsi faite, la moricaude
Bat les plus altières beautés,
Et de ses yeux la lueur chaude
Rend la flamme aux satiétés ;

Elle a, dans sa laideur piquante,
Un grain de sel de cette mer
D'où jaillit, nue et provocante,
L'âcre Vénus du gouffre amer.

DERNIER VŒU

Voilà longtemps que je vous aime :
–L'aveu remonte à dix-huit ans ! –
Vous êtes rose, je suis blême ;
J'ai les hivers, vous les printemps.

Des lilas blancs de cimetière
Près de mes tempes ont fleuri ;
J'aurai bientôt la touffe entière
Pour ombrager mon front flétri.

Mon soleil pâli qui décline
Va disparaître à l'horizon,
Et sur la funèbre colline
Je vois ma dernière maison.

Oh ! que de votre lèvre il tombe
Sur ma lèvre un tardif baiser,
Pour que je puisse dans ma tombe,
Le cœur tranquille, reposer !

CHARLES MARIE LECONTE DE LISLE (1818-1894)

Né à Saint-Paul de la Réunion et élevé avec rudesse par un père de souche bretonne qui veut en faire un négociant, Charles-René-Marie Leconte de Lisle parcourt l'Inde et les Îles de la Sonde pendant son adolescence. Mais, jeune homme, il préfère l'étude au commerce et s'établit à Rennes pour étudier le grec et l'histoire.

Après être retourné dans son île natale, il se fixe à Paris où, acquis aux idées républicaines, il collabore à diverses revues fouriéristes dans lesquelles il fait paraître ses premiers poèmes. Un article dans lequel il applaudissait à la suppression de l'esclavage dans les colonies le brouille avec sa famille, qui lui coupe les vivres.

Sous le Second Empire, abandonnant la politique, il parvient à vivre médiocrement de sa plume, et entreprend de traduire les chefs-d'œuvre de la poésie grecque et latine. La parution de ses poèmes fait de cet homme discret le chef de file d'une nouvelle génération de poètes, le Parnasse, qui se réunit dans son appartement exigu.

Nommé, après la Commune, sous-bibliothécaire au Sénat, il est élu à l'Académie française au fauteuil de Victor Hugo, selon le vœu de l'auteur des ***Misérables,*** *qui l'avait soutenu depuis ses débuts littéraires. Il meurt à Louveciennes en 1887.*

LE RÊVE DU JAGUAR

Sous les noirs acajous, les lianes en fleur,
Dans l'air lourd, immobile et saturé de mouches,
Pendent, et s'enroulant en bas parmi les souches,
Bercent le perroquet splendide et querelleur,
L'araignée au dos jaune et les singes farouches.
C'est là que le tueur de bœufs et de chevaux,
Le long des vieux troncs morts à l'écorce moussue,
Sinistre et fatigué, revient à pas égaux.
Il va, frottant ses reins musculeux qu'il bossue ;
Et du mufle béant par la soif alourdi,
Un souffle rauque et bref, d'une brusque secousse,
Trouble les grands lézards, chauds des feux de midi,
Dont la fuite étincelle à travers l'herbe rousse.
En un creux de bois sombre interdit au soleil
Il s'affaisse, allongé sur quelque roche plate ;
D'un large coup de langue il se lustre la patte ;
Il cligne ses yeux d'or hébétés de sommeil ;
Et, dans l'illusion de ses forces inertes,
Faisant mouvoir sa queue et frissonner ses flancs,
Il rêve qu'au milieu des plantations vertes,
Il enfonce d'un bond ses ongles ruisselants
Dans la chair des taureaux effarés et beuglants.

LES ELFES

Couronnés de thym et de marjolaine,
Les Elfes joyeux dansent sur la plaine.

Du sentier des bois aux daims familier,
Sur un noir cheval, sort un chevalier.
Son éperon d'or brille en la nuit brune ;
Et, quand il traverse un rayon de lune,
On voit resplendir, d'un reflet changeant,
Sur sa chevelure un casque d'argent.

Couronnés de thym et de marjolaine,
Les Elfes joyeux dansent sur la plaine.

Ils l'entourent tous d'un essaim léger
Qui dans l'air muet semble voltiger.
– Hardi chevalier, par la nuit sereine,
Où vas-tu si tard ? dit la jeune Reine.
De mauvais esprits hantent les forêts ;
Viens danser plutôt sur les gazons frais.

Couronnés de thym et de marjolaine,
Les Elfes joyeux dansent sur la plaine.

– Non ! ma fiancée aux yeux clairs et doux
M'attend, et demain nous serons époux.
Laissez-moi passer, Elfes des prairies,
Qui foulez en rond les mousses fleuries ;
Ne m'attardez pas loin de mon amour,
Car voici déjà les lueurs du jour.

Couronnés de thym et de marjolaine,
Les Elfes joyeux dansent sur la plaine.
– Reste, chevalier. Je te donnerai
L'opale magique et l'anneau doré,
Et, ce qui vaut mieux que gloire et fortune,
Ma robe filée au clair de la lune.
– Non ! dit-il. – Va donc ! Et de son doigt blanc
Elle touche au cœur le guerrier triomphant.

Couronnés de thym et de marjolaine,
Les Elfes joyeux dansent sur la plaine.

Et sous l'éperon le noir cheval part.
Il court, il bondit et va sans retard ;
Mais le chevalier frissonne et se penche ;
Il voit sur la route une forme blanche
Qui marche sans bruit et lui tend les bras :
– Elfe, esprit, démon, ne m'arrête pas !

Couronnés de thym et de marjolaine,
Les Elfes joyeux dansent sur la plaine.

Ne m'arrête pas, fantôme odieux !
Je vais épouser ma belle aux doux yeux.
– Ô mon cher époux, la tombe éternelle
Sera notre lit de noce, dit-elle.
Je suis morte ! Et lui, la voyant ainsi,
D'angoisse et d'amour tombe mort aussi.

Couronnés de thym et de marjolaine,
Les Elfes joyeux dansent sur la plaine.

LE NAZARÉEN

Quand le Nazaréen, en croix, les mains clouées,
Sentit venir son heure et but le vin amer,
Plein d'angoisse, il cria vers les sourdes nuées,
Et la sueur de sang ruissela de sa chair.

Mais dans le ciel muet de l'infâme colline
Nul n'ayant entendu ce lamentable cri,
Comme un dernier sanglot soulevait sa poitrine,
L'homme désespéré courba son front meurtri.

Toi qui mourais ainsi dans ces jours implacables,
Plus tremblant mille fois et plus épouvanté,
O vivante Vertu ! que les deux misérables
Qui, sans penser à rien, râlaient à ton côté ;

Que pleurais-tu, grande âme, avec tant d'agonie ?
Ce n'était pas ton corps sur la croix desséché,
La jeunesse et l'amour, ta force et ton génie,
Ni l'empire du siècle à tes mains arraché.

Non ! Une voix partait dans ton rêve, ô Victime !
La voix d'un monde entier, immense désaveu,
Qui te disait ; « Descends de ton gibet sublime,
Pâle crucifié, tu n'étais pas un Dieu !

« Tu n'étais ni le pain céleste, ni l'eau vive !
Inhabile pasteur, ton joug est délié !
Dans nos cœurs épuisés, sans que rien lui survive,
Le Dieu s'est refait homme, et l'homme est oublié !

« Cadavre suspendu vingt siècles sur nos têtes,
Dans ton sépulcre vide il faut enfin rentrer.
Ta tristesse et ton sang assombrissent nos fêtes ;
L'humanité virile est lasse de pleurer. »

Voilà ce que disait, à ton heur suprême,
L'écho des temps futurs, de l'abîme sorti ;
Mais tu sais aujourd'hui ce que vaut ce blasphème ;
O fils du charpentier, tu n'avais pas menti !

Tu n'avais pas menti ! Ton église et ta gloire
Peuvent, ô Rédempteur, sombrer aux flots mouvants ;
L'homme peut sans frémir rejeter ta mémoire,
Comme on livre une cendre inerte aux quatre vents ;

Tu peux, sur les débris des saintes cathédrales,
Entendre et voir, livide et le front ceint de fleurs,
Se ruer le troupeau des folles saturnales,
Et son rire insulter tes divines douleurs !

Car tu sièges auprès de tes Égaux antiques,
Sous tes longs cheveux roux, dans ton ciel chaste et bleu ;
Les âmes, en essaims de colombes mystiques,
Vont boire la rosée à tes lèvres de Dieu !

Et comme aux jours altiers de la force romaine,
Comme au déclin d'un siècle aveugle et révolté,
Tu n'auras pas menti, tant que la race humaine
Pleurera dans le temps et dans l'éternité.

LE SOIR D'UNE BATAILLE

Tels que la haute mer contre les durs rivages,
A la grande tuerie ils se sont tous rués,
Ivres et haletants, par les boulets troués,
En épais tourbillons pleins de clameurs sauvages.

Sous un large soleil d'été, de l'aube au soir,
Sans relâche, fauchant les blés, brisant les vignes,
Longs murs d'hommes, ils ont poussé leurs sombres lignes,
Et là, par blocs entiers, ils se sont laissés choir.

Puis ils se sont liés en étreintes féroces,
Le souffle au souffle uni, l'œil de haine chargé.
Le fer d'un sang fiévreux à l'aise s'est gorgé ;
La cervelle a jailli sous la lourdeur des crosses.

Victorieux, vaincus, fantassins, cavaliers,
Les voici maintenant, blêmes, muets, farouches,
Les poings fermés, serrant les dents, et les yeux louches,
Dans la mort furieuse étendus par milliers.

La pluie, avec lenteur lavant leurs pâles faces,
Aux pentes du terrain fait murmurer ses eaux ;
Et par la morne plaine où tourne un vol d'oiseaux
Le ciel d'un soir sinistre estompe au loin leurs masses.

Tous les cris se sont tus, les râles sont poussés,
Sur le sol bossué de tant de chair humaine,
Aux dernières lueurs du jour on voit à peine
Se tordre vaguement des corps entrelacés ;

Et là-bas, du milieu de ce massacre immense,
Dressant son cou roidi, percé de coups de feu,
Un cheval jette au vent un rauque et triste adieu
Que la nuit fait courir à travers le silence.

O boucherie ! ô soif du meurtre ! acharnement
Horrible ! odeur des morts qui suffoques et navres !
Soyez maudits devant ces cent mille cadavres
Et la stupide horreur de cet égorgement.

Mais sous l'ardent soleil ou sur la plaine noire,
Si, heurtant de leur cœur la gueule du canon,
Ils sont morts, Liberté, ces braves en ton nom,
Béni soit le sang pur qui fume vers ta gloire !

VILLANELLE

Le Temps, l'Étendue et le Nombre
Sont tombés du noir firmament
Dans la mer immobile et sombre.

Suaire de silence et d'ombre,
La nuit efface absolument
Le Temps, l'Étendue et le Nombre.

Tel qu'un lourd et muet décombre,
L'Esprit plonge au vide dormant,
Dans la mer immobile et sombre.

Et lui-même, avec lui, tout sombre,
Souvenir, rêve, sentiment,
Le Temps, l'Étendue et le Nombre
Dans la mer immobile et sombre.

CHARLES BAUDELAIRE (1821-1867)

Charles Baudelaire avait six ans lorsqu'il perdit son père, un peintre prêtre défroqué. Sa mère se remaria avec le futur général Aupick, union que l'enfant, qui rêvait, de Lyon à Paris, en de tristes internats, d'être « tantôt pape, tantôt comédien », accepta mal.

Reçu au baccalauréat tandis que son beau-père était nomme général de brigade, Charles Baudelaire commença à écrire ses premiers vers et à fréquenter les cabarets, décidé à vivre en artiste, à la grande consternation de sa famille qui décida de l'envoyer aux Indes. Mais dès l'Île de la Réunion, Baudelaire faussa compagnie au capitaine du paquebot et revint à Paris.

Majeur, il réclama sa part de l'héritage paternel et pendant deux ans, mena une fastueuse existence de dandy avec l'actrice mulâtre Jeanne Duval. Arguant de ses excentricités, sa mère et le général Aupick le soumirent à un conseil judiciaire.

Humilié, ulcéré, il ne cessa dès lors de fuir les créanciers, tentant de gagner sa vie en plaçant des articles. En 1846, il découvrit l'œuvre d'Edgar Pœ, autre incompris, et, pendant dix-sept ans, la traduisit.

En 1857, il fut condamné à une forte amende après la parution des **Fleurs du mal,** *jugées obscènes. Seuls Hugo, Sainte-Beuve, Gautier... et de jeunes poètes admiratifs le soutinrent. Amer, Baudelaire s'isola davantage.*

Le corps détruit par la syphilis, il ne trouva du réconfort que dans l'opium et l'éther. Frappé d'hémiplégie lors d'un séjour en Belgique, en 1866, il agonisa pendant un an dans une clinique pour s'éteindre, sa mère avec laquelle il s'était réconciliée à son chevet, le 31 août 1867.

SPLEEN

J'ai plus de souvenirs que si j'avais mille ans.

Un gros meuble à tiroirs encombré de bilans,
De vers, de billets doux, de procès, de romances,
Avec de lourds cheveux roulés dans des quittances,
Cache moins de secrets que mon triste cerveau.
C'est une pyramide, un immense caveau,
Qui contient plus de morts que la fosse commune.
–Je suis un cimetière abhorré de la lune,
Où comme des remords se traînent de longs vers
Qui s'acharnent toujours sur mes morts les plus chers.
Je suis un vieux boudoir plein de roses fanées,
Où gît tout un fouillis de modes surannées,
Où les pastels plaintifs et les pâles Boucher,
Seuls, respirent l'odeur d'un flacon débouché.
Rien n'égale en longueur les boiteuses journées,
Quand sous les lourds flocons des neigeuses années
L'ennui, fruit de la morne incuriosité,
Prend les proportions de l'immortalité.
– Désormais tu n'es plus, ô matière vivante !
Qu'un granit entouré d'une vague épouvante,
Assoupi dans le fond d'un Sahara brumeux ;
Un vieux sphinx ignoré du monde insoucieux,
Oublié sur la carte, et dont l'humeur farouche
Ne chante qu'aux rayons du soleil qui se couche.

L'ENNEMI

Ma jeunesse ne fut qu'un ténébreux orage,
Traversé çà et là par de brillants soleils ;
Le tonnerre et la pluie ont fait un tel ravage,
Qu'il reste en mon jardin bien peu de fruits vermeils.

Voilà que j'ai touché l'automne des idées,
Et qu'il faut employer la pelle et les râteaux
Pour rassembler à neuf les terres inondées
Où l'eau creuse des trous grands comme des tombeaux.

Et qui sait si les fleurs nouvelles que je rêve
Trouveront dans ce sol lavé comme une grève
Le mystique aliment qui ferait leur vigueur ?

– Ô douleur ! ô douleur ! Le Temps mange la vie,
Et l'obscur Ennemi qui nous ronge le cœur
Du sang que nous perdons croît et se fortifie !

BIEN LOIN D'ICI

C'est ici la case sacrée
Où cette fille très parée,
Tranquille et toujours préparée,

D'une main éventant ses seins,
Et son coude dans les coussins,
Écoute pleurer les bassins ;

C'est la chambre de Dorothée.
– La brise et l'eau chantent au loin
Leur chanson de sanglots heurtée
Pour bercer cette enfant gâtée.

Du haut en bas, avec grand soin,
Sa peau délicate est frottée
D'huile odorante et de benjoin.
– Des fleurs se pâment dans un coin.

LA CLOCHE FÊLÉE

Il est amer et doux, pendant les soirs d'hiver,
D'écouter, près du feu qui palpite et qui fume,
Les souvenirs lointains lentement s'élever
Au bruit des carillons qui chantent dans la brume,

Bienheureuse la cloche au gosier vigoureux
Qui, malgré sa vieillesse, alerte et bien portante,
Jette fidèlement son cri religieux,
Ainsi qu'un vieux soldat qui veille sous la tente !

Moi, mon âme est fêlée, et lorsqu'en ses ennuis
Elle veut de ses chants peupler l'air froid des nuits,
Il arrive souvent que sa voix affaiblie

Semble le râle épais d'un blessé qu'on oublie
Au bord d'un lac de sang, sous un grand tas de morts,
Et qui meurt, sans bouger, dans d'immenses efforts.

À UNE MENDIANTE ROUSSE

Blanche fille aux cheveux roux,
Dont la robe par ses trous
Laisse voir la pauvreté
Et la beauté.

Pour moi, poète chétif,
Ton jeune corps maladif,
Plein de taches de rousseur,
A sa douceur.

Tu portes plus galamment
Qu'une reine de roman
Ses cothurnes de velours
Tes sabots lourds.

Au lieu d'un haillon trop court,
Qu'un superbe habit de cour
Traîne à plis bruyants et longs
Sur tes talons ;

En place de bas troués,
Que pour les yeux des roués
Sur ta jambe un poignard d'or
Reluise encor ;

Que de nœuds mal attachés
Dévoilent pour nos péchés
Tes deux beaux seins, radieux
Comme des yeux ;

Que pour te déshabiller
Tes bras se fassent prier
Et chassent à coups mutins
Les doigts lutins,

Perles de la plus belle eau,
Sonnets de maître Belleau
Par tes galants mis au fers
Sans cesse offerts,

Valetaille de rimeurs
Te dédiant leurs primeurs
Et contemplant ton soulier
Sous l'escalier,

Maint page épris du hasard,
Maint seigneur et maint Ronsard
Épieraient pour le déduit
Ton frais réduit !

Tu compterais dans tes lits
Plus de baisers que de lis
Et rangerais sous tes lois
Plus d'un Valois !

– Cependant tu vas gueusant
Quelques vieux débris gisant
Au seuil de quelque Véfour
De carrefour ;

Tu vas lorgnant en dessous
Des bijoux de vingt-neuf sous
Dont je ne puis, oh ! pardon !
Te faire don.

Va donc, sans autre ornement,
Parfum, perles, diamant,
Que ta maigre nudité,
Ô ma beauté !

CORRESPONDANCES

La Nature est un temple où de vivants piliers
Laissent parfois sortir de confuses paroles ;
L'homme y passe à travers des forêts de symboles
Qui l'observent avec des regards familiers.

Comme de longs échos qui de loin se confondent
Dans une ténébreuse et profonde unité,
Vaste comme la nuit et comme la clarté,
Les parfums, les couleurs et les sons se répondent.

Il est des parfums frais comme des chairs d'enfants,
Doux comme des hautbois, verts comme les prairies,
– Et d'autres, corrompus, riches et triomphants,

Ayant l'expansion des choses infinies,
Comme l'ambre, le musc, le benjoin et l'encens,
Qui chantent les transports de l'esprit et des sens.

JE T'ADORE...

Je t'adore à l'égal de la voûte nocturne,
Ô vase de tristesse, ô grande taciturne,
Et je t'aime d'autant plus, belle, que tu me fuis,
Et que tu me parais, ornement de mes nuits,
Plus ironiquement accumuler les lieues
Qui séparent mes bras des immensités bleues.

Je m'avance à l'attaque, et je grimpe aux assauts,
Comme après un cadavre un chœur de vermisseaux,
Et je chéris, ô bête implacable et cruelle !
Jusqu'à cette froideur par où tu m'es plus belle !

HARMONIE DU SOIR

Voici le temps où vibrant sur sa tige
Chaque fleur s'évapore ainsi qu'un encensoir;
Les sons et les parfums tournent dans l'air du soir;
Valse mélancolique et langoureux vertige.

Chaque fleur s'évapore ainsi qu'un encensoir;
Le violon frémit comme un cœur qu'on afflige;
Valse mélancolique et langoureux vertige!
Le ciel est triste et beau comme un grand reposoir;

Le violon frémit comme un cœur qu'on afflige,
Un cœur tendre, qui hait le néant vaste et noir!
Le ciel est triste et beau comme un grand reposoir;
Le soleil s'est noyé dans son sang qui se fige.

Un cœur tendre, qui hait le néant vaste et noir,
Du passé lumineux recueille tout vestige!
Le soleil s'est noyé dans son sang qui se fige...
Ton souvenir en moi luit comme un ostensoir!

LA SERVANTE AU GRAND CŒUR...

La servante au grand cœur dont vous étiez jalouse,
Et qui dort son sommeil sous une humble pelouse,
Nous devrions pourtant lui porter quelques fleurs.
Les morts, les pauvres morts, ont de grandes douleurs,
Et quand Octobre souffle, émondeur des vieux arbres,
Son vent mélancolique à l'entour de leurs marbres,
Certes, ils doivent trouver les vivants bien ingrats,
A dormir, comme ils font, chaudement dans leurs draps,
Tandis que, dévorés de noires songeries,
Sans compagnon de lit, sans bonnes causeries,
Vieux squelettes gelés travaillés par le ver,
Ils sentent s'égoutter les neiges de l'hiver
Et le siècle couler, sans qu'amis ni famille
Remplacent les lambeaux qui pendent à leur grille.
Lorsque la bûche siffle et chante, si le soir,
Calme, dans le fauteuil je la voyais s'asseoir,
Si, par une nuit bleue et froide de décembre,
Je la trouvais tapie en un coin de ma chambre,
Grave, et venant du fond de son lit éternel
Couver l'enfant grandi de son œil maternel,
Que pourrais-je répondre à cette âme pieuse,
Voyant tomber des pleurs de sa paupière creuse ?

L'INVITATION AU VOYAGE

- I -

Mon enfant, ma sœur,
Songe à la douceur
D'aller là-bas vivre ensemble !
Aimer à loisir,
Aimer et mourir
Au pays qui te ressemble !
Les soleils mouillés
De ces cieux brouillés
Pour mon esprit ont les charmes
Si mystérieux
De tes traîtres yeux,
Brillant à travers leurs larmes.

Là, tout n'est qu'ordre et beauté,
Luxe, calme et volupté.

- II -

Des meubles luisants,
Polis par les ans,
Décoreraient notre chambre
Les plus rares fleurs
Mêlant leurs odeurs
Aux vagues senteurs de l'ambre,
Les riches plafonds
Les miroirs profonds,
La splendeur orientale,
Tout y parlerait
A l'âme en secret
Sa douce langue natale.

Là, tout n'est qu'ordre et beauté,
Luxe, calme et volupté.

- III -

Vois sur ces canaux
Dormir ces vaisseaux
Dont l'humeur est vagabonde ;
C'est pour assouvir
Ton moindre désir
Qu'ils viennent du bout du monde.
– Les soleils couchants
Revêtent les champs,
Les canaux, la ville entière,
D'hyacinthe et d'or ;
Le monde s'endort
Dans une chaude lumière.

Là, tout n'est qu'ordre et beauté,
Luxe, calme et volupté.

SPLEEN

Quand le ciel bas et lourd pèse comme un couvercle
Sur l'esprit gémissant en proie aux longs ennuis,
Et que de l'horizon embrassant tout le cercle
Il nous verse un jour plus triste que les nuits ;

Quand la terre est changée en un cachot humide,
Où l'espérance, comme une chauve-souris,
S'en va battant les murs de son aile timide
Et se cognant la tête à des plafonds pourris ;

Quand la pluie étalant ses immenses traînées
D'une vaste prison imite les barreaux,
Et qu'un peuple muet d'infâmes araignées
Vient tendre ses filets au fond de nos cerveaux,

Des cloches tout à coup sautent avec furie
Et lancent vers le ciel un affreux hurlement
Ainsi que des esprits errants et sans patrie
Qui se mettent à geindre opiniâtrement.

– Et de longs corbillards, sans tambours ni musique,
Défilent lentement dans mon âme ; l'espoir,
Vaincu, pleure, et l'Angoisse atroce, despotique,
Sur mon crâne incliné plante son drapeau noir.

À CELLE QUI EST TROP GAIE

Ta tête, ton geste, ton air,
Sont beaux comme un beau paysage ;
Le rire joue en ton visage
Comme un vent frais dans un ciel clair.

Le passant chagrin que tu frôles
Est ébloui par la santé
Qui jaillit comme une clarté
De tes bras et de tes épaules.

Les retentissantes couleurs
Dont tu parsèmes tes toilettes
Jettent dans l'esprit des poètes
L'image d'un ballet de fleurs.

Ces robes folles sont l'emblème
De ton esprit bariolé ;
Folle dont je suis affolé,
Je te hais autant que je t'aime !

Quelquefois dans un beau jardin
Où je traînais mon atonie,
J'ai senti comme une ironie,
Le soleil déchirer mon sein ;

Et le printemps et la verdure
Ont tant humilié mon cœur,
Que j'ai puni sur une fleur
L'insolence de la Nature.

Ainsi je voudrais, une nuit,
Quand l'heure des voluptés sonne,
Vers les trésors de ta personne,
Comme un lâche, ramper sans bruit,

Pour châtier ta chair joyeuse,
Pour meurtrir ton sein pardonné,
Et faire à ton flanc étonné
Une blessure large et creuse,

Et, vertigineuse douceur !
A travers ces lèvres nouvelles,
Plus éclatantes et plus belles,
T'infuser mon venin, ma sœur !

REMORDS POSTHUME

Lorsque tu dormiras, ma belle ténébreuse,
Au fond d'un monument construit en marbre noir,
Et lorsque tu n'auras pour alcôve et manoir
Qu'un caveau pluvieux et qu'une fosse creuse ;

Quand la pierre, opprimant ta poitrine peureuse
Et tes flancs qu'assouplit un charmant nonchaloir,
Empêchera ton cœur de battre et de vouloir,
Et tes pieds de courir leur course aventureuse,

Le tombeau, confident de mon rêve infini
(Car le tombeau toujours comprendra le poète),
Durant ces grandes nuits d'où le somme est banni,

Te dira « Que vous sert, courtisane imparfaite,
De n'avoir pas connu ce que pleurent les morts ? »
– Et le ver rongera ta peau comme un remords.

Jeanne Duval, dessinée par Baudelaire

À UNE PASSANTE

La rue assourdissante autour de moi hurlait.
Longue, mince, en grand deuil, douleur majestueuse,
Une femme passa, d'une main fastueuse
Soulevant, balançant le feston et l'ourlet ;

Agile et noble, avec sa jambe de statue.
Moi, je buvais, crispé comme un extravagant,
Dans son œil, ciel livide où germe l'ouragan,
La douceur qui fascine et le plaisir qui tue.

Un éclair... puis la nuit ! – Fugitive beauté
Dont le regard m'a fait soudain renaître,
Ne te verrai-je plus que dans l'éternité ?

Ailleurs, bien loin d'ici : trop tard ! jamais peut-être !
Car j'ignore où tu fuis, tu ne sais où je vais,
Ô toi que j'eusse aimée, ô toi qui le savais !

RECUEILLEMENT

Sois sage, ô ma Douleur, et tiens-toi plus tranquille.
Tu réclamais le Soir ; il descend ; le voici :
Une atmosphère obscure enveloppe la ville,
Aux uns portant la paix, aux autres le souci.

Pendant que des mortels la multitude vile,
Sous le fouet du Plaisir, ce bourreau sans merci,
Va cueillir des remords dans la fête servile,
Ma Douleur, donne-moi la main ; viens par ici,

Loin d'eux. Vois se pencher les défuntes Années,
Sur les balcons du ciel, en robes surannées ;
Surgir du fond des eaux le Regret souriant ;

Le soleil moribond s'endormir sous une arche,
Et, comme un long linceul traînant à l'Orient,
Entends, ma chère, entends la douce Nuit qui marche.

LE REVENANT

Comme les anges à l'œil fauve,
Je reviendrai dans ton alcôve
Et vers toi glisserai sans bruit
Avec les ombres de la nuit,

Et je te donnerai, ma brune,
Des baisers froids, comme la lune
Et de caresses de serpent
Autour d'une fosse rampant.

Quand viendra le matin livide,
Tu trouveras ma place vide,
Où jusqu'au soir il fera froid.

Comme d'autres par la tendresse,
Sur ta vie et sur ta jeunesse,
Moi, je veux régner par l'effroi.

LA CHEVELURE

Ô toison moutonnant jusque sur l'encolure !
Ô boucles ! Ô parfum chargé de nonchaloir !
Extase ! Pour peupler ce soir l'alcôve obscure
Des souvenirs dormant dans cette chevelure
Je la veux agiter dans l'air comme un mouchoir !

La langoureuse Asie et la brûlante Afrique,
Tout un monde lointain, absent, presque défunt,
Vit dans tes profondeurs, forêt aromatique !
Comme d'autres esprits voguent sur la musique
Le mien, ô mon amour ! nage sur ton parfum.

J'irai là-bas où l'arbre et l'homme, pleins de sève,
Se pâment longuement sous l'ardeur des climats ;
Fortes tresses, soyez la houle qui m'enlève !
Tu contiens, mer d'ébène, un éblouissant rêve
De voiles, de rameurs, de flammes et de mâts ;

Un port retentissant où mon âme peut boire
A grands flots le parfum, le son et la couleur ;
Où les vaisseaux, glissant dans l'or et dans la moire,
Ouvrent leurs vastes bras pour embrasser la gloire
D'un ciel pur où frémit l'éternelle chaleur.

Je plongerai ma tête amoureuse d'ivresse
Dans ce noir océan où l'autre est enfermé ;
Et mon esprit subtil que le roulis caresse
Saura vous retrouver, ô féconde paresse,
Infinis bercements du loisir embaumé !

Cheveux bleus, pavillon de ténèbres tendues,
Vous me rendez l'azur du ciel immense et rond ;
Sur les bords duvetés de vos mèches tordues
Je m'enivre ardemment des senteurs confondues
De l'huile de coco, du musc et du goudron.

Longtemps ! toujours ! ma main dans ta crinière lourde
Sèmera le rubis, la perle et le saphir
Afin qu'à mon désir tu ne sois jamais sourde !
N'es-tu pas l'oasis où je rêve, et la gourde
Où je hume à longs traits le vin du souvenir ?

LES BIJOUX

La très chère était nue, et connaissant mon cœur,
Elle n'avait gardé que ses bijoux sonores,
Dont le riche attirail lui donnait l'air vainqueur
Qu'ont dans les jours heureux les esclaves des Mores.

Quand il jette en dansant son bruit vif et moqueur,
Ce monde rayonnant de métal et de pierre
Me ravit en extase, et j'aime à la fureur
Les choses où le son se mêle à la lumière.

Elle était donc couchée et se laissait aimer,
Et du haut du divan elle souriait d'aise
A mon amour profond et doux comme la mer,
Qui vers elle montait comme vers sa falaise.

Les yeux fixés sur moi, comme un tigre dompté,
D'un air vague et rêveur elle essayait des poses,
Et la candeur unie à la lubricité
Donnait un charme neuf à ses métamorphoses ;

Et son bras et sa jambe, et sa cuisse et ses reins,
Polis comme de l'huile, onduleux comme un cygne,
Passaient devant mes yeux clairvoyants et sereins ;
Et son ventre et ses seins, ces grappes de ma vigne,

S'avançaient, plus câlins que les Anges du mal,
Pour troubler le repos où mon âme était mise,
Et pour la déranger du rocher de cristal
Où, calme et solitaire, elle s'était assise.

Je croyais voir uni par un nouveau dessin
Les hanches de l'Antiope au buste d'un imberbe,
Tant sa taille faisait ressortir son bassin.
Sur ce teint fauve et brun, le fard était superbe !

– Et la lampe s'étant résignée à mourir,
Comme le foyer seul illuminait la chambre,
Chaque fois qu'il poussait un flamboyant soupir,
Il inondait de sang cette peau couleur d'ambre !

LA VIE ANTÉRIEURE

J'ai longtemps habité sous de vastes portiques
Que les soleils marins teignaient de mille feux,
Et que leurs grands piliers, droits et majestueux,
Rendaient pareils, le soir, aux grottes basaltiques.

Les houles, en roulant les images des cieux,
Mêlaient d'une façon solennelle et mystique
Les tout-puissants accords de leur riche musique
Aux couleurs du couchant reflété par mes yeux.

C'est là que j'ai vécu dans les voluptés calmes,
Au milieu de l'azur, des vagues, des splendeurs
Et des esclaves nus, tout imprégnés d'odeurs,

Qui me rafraîchissaient le front avec des palmes,
Et dont l'unique soin était d'approfondir
Le secret douloureux qui me faisait languir.

À UNE DAME CRÉOLE

Au pays parfumé que le soleil caresse,
J'ai connu, sous un dais d'arbres tout empourprés
Et de palmiers d'où pleut sur les yeux la paresse,
Une dame créole aux charmes ignorés.

Son teint est pâle et chaud ; la brune enchanteresse
A dans son cou des airs noblement maniérés ;
Grande et svelte en marchant comme une chasseresse
Son sourire est tranquille et ses yeux assurés.

Si vous alliez, Madame, au vrai pays de gloire,
Sur les bords de la Scinc ou de la verte Loire,
Belle digne d'orner les antiques manoirs,

Vous feriez, à l'abri des ombreuses retraites,
Germer mille sonnets dans le cœurs des poètes,
Que vos grands yeux rendraient plus soumis que vos Noirs.

LE BALCON

Mère des souvenirs, maîtresse des maîtresses,
Ô toi, tous mes plaisirs ! Ô toi, tous mes devoirs !
Tu te rappelleras la beauté des caresses,
La douceur du foyer et le charme des soirs,
Mère des souvenirs, maîtresse des maîtresses !

Les soirs illuminés par l'ardeur du charbon,
Et les soirs au balcon, voilés de vapeurs roses.
Que ton sein m'était doux ! que ton cœur m'était bon !
Nous avons dit souvent d'impérissable choses
Les soirs illuminés par l'ardeur du charbon.

Que les soleils sont beaux dans les chaudes soirées !
Que l'espace est profond ! que le cœur est puissant !
En me penchant vers toi, reine des adorées,
Je croyais respirer le parfum de ton sang.
Que les soleils sont beaux dans les chaudes soirées !

La nuit s'épaississait ainsi qu'une cloison,
Et mes yeux dans le noir devinaient tes prunelles,
Et je buvais ton souffle, ô douceur, ô poison !
Et tes pieds s'endormaient dans mes mains fraternelles.
La nuit s'épaississait ainsi qu'une cloison.

Je sais l'art d'évoquer les minutes heureuses,
Et revis mon passé blotti dans tes genoux.
Car à quoi bon chercher tes beautés langoureuses
Ailleurs qu'en ton cher corps et qu'en ton cœur si doux
Je sais l'art d'évoquer les minutes heureuses.

Ces serments ! ô parfums ! ô baisers infinis,
Renaîtront-ils d'un gouffre interdit à nos sondes,
Comme montent au ciel les soleils rajeunis
Après s'être lavés au fond des mers profondes ?
– Ô serments ! ô parfums ! ô baisers infinis !

PARFUMS EXOTIQUES

Quand, les deux yeux fermés, en un chaud soir d'automne,
Je respire l'odeur de ton sein chaleureux,
Je vois se dérouler des rivages heureux
Qu'éblouissent les feux d'un soleil monotone.

Une île paresseuse où la nature donne
Des arbres singuliers et des fruits savoureux;
Des hommes dont le corps est mince et vigoureux,
Et des femmes dont l'œil par sa franchise étonne.

Guidé par ton odeur vers de charmants climats,
Je vois un port rempli de voiles et de mâts
Encor tout fatigués par la vague marine,

Pendant que le parfum des verts tamariniers,
Qui circule dans l'air et m'enfle la narine,
Se mêle dans mon âme au chant des mariniers.

JE N'AI PAS OUBLIÉ...

Je n'ai pas oublié, voisine de la ville,
Notre blanche maison, petite mais tranquille;
Sa Pomone de plâtre et sa vieille Vénus
Dans un bosquet chétif cachant leurs membres nus,
Et le soleil, le soir, ruisselant et superbe,
Qui, derrière la vitre où se brisait sa gerbe,
Semblait, grand œil ouvert dans le ciel curieux,
Contempler nos dîners longs et silencieux,
Répandant largement ses beaux reflets de cierge
Sur la nappe frugale et les rideaux de serge.

LE SERPENT QUI DANSE

Que j'aime voir, chère indolente,
De ton corps si beau,
Comme une étoffe vacillante,
Miroiter ta peau !

Sur ta chevelure profonde
Aux âcres parfums,
Mer odorante et vagabonde
Aux flots bleus et bruns,

Comme un navire qui s'éveille
Au vent du matin,
Mon âme rêveuse appareille
Pour un ciel lointain.

Tes yeux, où rien ne se révèle
De doux ni d'amer,
Sont deux bijoux froids où se mêle
L'or avec le fer.

A te voir marcher en cadence,
Belle d'abandon,
On dirait un serpent qui danse
Au bout d'un bâton.

Sous le fardeau de ta paresse
Ta tête d'enfant
Se balance avec la mollesse
D'un jeune éléphant,

Et ton corps se penche et s'allonge
Comme un fin vaisseau
Qui roule bord sur bord et plonge
Ses vergues dans l'eau.

Comme un flot grossi par la fonte
Des glaciers grondants,
Quand l'eau de ta bouche remonte
Au bord de tes dents,

Je crois boire un vin de Bohème,
Amer et vainqueur
Un ciel liquide qui parsème
D'étoiles mon cœur !

LA MORT DES AMANTS

Nous aurons des lits pleins d'odeurs légères,
Des divans profonds comme des tombeaux,
Et d'étranges fleurs sur des étagères,
Écloses pour nous sous des cieux plus beaux.

Usant à l'envi leurs chaleurs dernières,
Nos deux cœurs seront deux vastes flambeaux,
Qui réfléchiront leurs doubles lumières
Dans nos deux esprits, ces miroirs jumeaux.

Un soir fait de rose et de bleu mystique,
Nous échangerons un éclair unique,
Comme un long sanglot, tout chargé d'adieux ;

Et plus tard un Ange entr'ouvrant les portes
Viendra ranimer, fidèle et joyeux,
Les miroirs ternis et les flammes mortes.

LE VIN DES AMANTS

Aujourd'hui l'espace est splendide !
Sans mors, sans éperons, sans bride,
Partons à cheval sur le vin
Pour un ciel féerique et divin !

Comme deux anges que torture
Une implacable calenture,
Dans le bleu cristal du matin
Suivons le mirage lointain !

Mollement balancés sur l'aile
Du tourbillon intelligent,
Dans un délire parallèle,

Ma sœur, côte à côte nageant,
Nous fuirons sans repos ni trêves
Vers le paradis de mes rêves !

L'ALBATROS

Souvent, pour s'amuser, les hommes d'équipage
Prennent des albatros, vastes oiseaux des mers
Qui suivent, indolents compagnons de voyage,
Le navire glissant sur les gouffres amers.

A peine les ont-ils déposés sur les planches,
Que ces rois de l'azur, maladroits et honteux,
Laissent piteusement leurs grandes ailes blanches
Comme des avirons traîner à côté d'eux.

Ce voyageur ailé, comme il est gauche et veule !
Lui, naguère si beau, qu'il est comique et laid !
L'un agace son bec avec un brûle-gueule
L'autre mime, en boitant, l'infirme qui volait !

Le Poète est semblable au prince des nuées
Qui hante la tempête et se rit de l'archer ;
Exilé sur le sol au milieu des huées,
Ses ailes de géant l'empêchent de marcher.

THÉODORE DE BANVILLE (1823-1891)

Bien que né à Moulins, Théodore de Banville se veut poète parisien. Venu dans la capitale à l'âge de sept ans, ce fils d'aristocrates républicains refusant l'ordre bourgeois, cette « apothéose de l'épicerie », affirme très tôt son engouement pour la poésie.

Ami de Baudelaire, figure de la bohème artiste de l'époque, ses poèmes, salués comme des chefs-d'œuvre par Hugo et Gautier, en font un chef de file des jeunes poètes, des Parnassiens notamment. Daudet, Mallarmé, Maupassant, Verlaine, Courteline, Coppée fréquentent son salon.

Il imite les genres poétiques moyenâgeux, écrit des pièces de théâtre en vers... Mais son étoile pâlit avec l'arrivée, sur le devant de la scène poétique, des symbolistes.

Sur la fin de sa vie, la prose l'emporte sur la poésie.

Le maître a été dépassé par ses disciples, mais n'en éprouve aucune amertume.

LE THÉ

Miss Hellen, versez-moi le Thé
Dans la belle tasse chinoise,
Où des poissons d'or cherchent noise
Au monstre rose épouvanté.

J'aime la folle cruauté
Des chimères qu'on apprivoise :
Miss Hellen, versez-moi le Thé
Dans la belle tasse chinoise.

Là sous un ciel rouge irrité,
Une dame fière et sournoise
Montre en ses longs yeux de turquoise
L'extase et la naïveté ;
Miss Hellen, versez-moi le Thé.

À MA MÈRE

Lorsque ma sœur et moi, dans les forêts profondes,
Nous avions déchiré nos pieds sur les cailloux,
En nous baisant au front tu nous appelais fous,
Après avoir maudit nos courses vagabondes.

Puis, comme un vent d'été confond les fraîches ondes
De deux petits ruisseaux sur un lit calme et doux,
Lorsque tu nous tenais tous deux sur tes genoux,
Tu mêlais en riant nos chevelures blondes.

Et pendant bien longtemps nous restions là blottis,
Heureux, et tu disais parfois : Ô chers petits !
Un jour vous serez grands, et moi je serai vieille !

Les jours se sont enfuis, d'un vol mystérieux,
Mais toujours la jeunesse éclatante et vermeille
Fleurit dans ton sourire et brille dans tes yeux.

OH ! QUAND LA MORT...

Oh ! quand la Mort, que rien ne saurait apaiser,
Nous prendra tous les deux dans un dernier baiser
Et jettera sur nous le manteau de ses ailes,
Puissions-nous reposer sous deux pierres jumelles !
Puissent les fleurs de rose aux parfums embaumés
Sortir de nos deux corps qui se sont tant aimés,
Et nos âmes fleurir ensemble, et sur nos tombes
Se becqueter longtemps d'amoureuses colombes !

LA VILLE ENCHANTÉE (Extraits)

Il est de par le monde une cité bizarre,
Où Plutus en gants blancs, drapé dans son manteau,
Offre une cigarette à son ami Lazare,
Et l'emmène souper dans un parc de Wateau.

Les centaures fougueux y portent des badines ;
Et les dragons, au lieu de garder leur trésor,
S'en vont sur le minuit, avec des balandines,
Faire un maigre dîner dans une maison d'or.

C'est là que parle et chante avec des voix si douces,
Un essaim de beautés plus nombreuses cent fois,
En habit de satin, brunes, blondes et rousses,
Que le nombre infini des feuilles dans les bois.

O pourpres et blancheurs ! neiges et rosiers ! L'une,
En découvrant son sein plus blanc que la Jungfraü,
Cause avec Cyrano, qui revient de la lune,
L'autre prend une glace avec Cagliostro.

La Belle au bois dormant, sur la moire fleurie
De la molle ottomane où rêve le chat Murr,
Parmi l'air rose et bleu des feux de le féerie
S'éveille après cent ans sous un baiser d'amour.

La Chinoise rêveuse, assise dans sa jonque,
Les yeux peints et les bras ceints de perles d'Ophir,
D'un ongle de rubis rose comme une conque
Agace sur son front un oiseau de saphir.

Là, belles des blancheurs de la pâle chlorose,
Et confiant au soir les rougeurs des aveux,
Les vierges de Lesbos vont sous le laurier-rose
S'accroupir dans le sable et causer deux à deux.

La reine Cléopâtre, en sa peine secrète,
Fière de la morsure attachée à son flanc,
Laisse tomber sa perle au fond du vin de Crète,
Et sa pourpre et sa lèvre ont des lueurs de sang.

C'est là que soupiraient au pieds de la dryade,
Dans la nuit bleue, à l'heure où sonne l'angélus
Et le jeune Lauzun, fier comme Alcibiade,
Et le vieux Richelieu, beau comme Antinoüs.

C'est là que vit encor le peuple des statues
Sous ses palais taillés dans les mélèzes verts,
Et que le chœur charmant des Nymphes demi-nues
Pleure et gémit avec la brise de l'hiver.

Aujourd'hui les wagons, dans ces steppes fleuries,
Devancent l'hirondelle en prenant leur essor,
Et coupent dans leur vol ces suaves prairies,
Sur un ruban de fer qui borde un chemin d'or.

Ce pays de soleil, d'or et de terre glaise,
C'est la mélodieuse Athènes, c'est Paris,
Eldorado du monde, où la fashion anglaise
Importe deux fois l'an ses tweeds et ses paris.

BALLADE DES PENDUS

Sur ses larges bras étendus,
La forêt où s'éveille Flore
A des chapelets de pendus
Que le matin caresse et dore.
Ce bois sombre où le chêne arbore
Des grappes de fruits inouïs
Même chez le Turc et le More,
C'est le verger du roi Louis.

Tous ces pauvres gens morfondus,
Roulant des pensers qu'on ignore,
Dans des tourbillons éperdus
Voltigent, palpitants encore.
Le soleil levant les dévore.
Regardez-les, cieux éblouis,
Danser dans les feux de l'aurore.
C'est le verger du roi Louis.

Ces pendus, du diable entendus,
Appellent des pendus encore.
Tandis qu'aux cieux, d'azur tendus,
Où semble lui un météore.
La rosée en l'air s'évapore,
Un essaim d'oiseaux réjouis
Par-dessus leur tête picore.
C'est le verger du roi Louis.

Envoi
Prince il est un bois que décore
Un tas de pendus enfouis
Dans le doux feuillage sonore.
C'est le verger du roi Louis.

JEAN-BAPTISTE CLÉMENT (1836-1903)

__Le Temps des Cerises__ est l'une des plus populaires chansons du patrimoine français. Elle fut composée en 1866, sur une musique de Renard. Mais si elle devenue le symbole de l'insurrection de la Commune de Paris, c'est parce que Jean-Baptiste Clément, lui-même communard la dédia « A la vaillante citoyenne Louise, l'ambulancière de la rue Fontaine-au-Roi, le dimanche 28 mai 1871 ».

Il la connut brièvement sur une des dernières barricades de l'insurrection, où elle était venue proposer son aide.

Un assaut des Versaillais les ayant obligés à la retraite, Jean-Baptiste ne la revit jamais.

Il écrivit d'autres chansons, tout en consacrant sa vie à la propagande socialiste révolutionnaire.

LE TEMPS DES CERISES

Quand nous chanterons le temps des cerises
Et gai rossignol et merle moqueur
Seront tous en fête.
Les belles auront la folie en tête
Et les amoureux du soleil au cœur...
Quand nous chanterons le temps des cerises
Sifflera bien mieux le merle moqueur.

Mais il est bien court, le temps des cerises
Où l'on s'en va deux cueillir en rêvant
Des pendants d'oreilles !
Cerises d'amour, aux robes pareilles,
Tombant sous la feuille en gouttes de sang !...
Mais il est bien court, le temps des cerises
Pendants de corail qu'on cueille en rêvant !

Quand nous en serons au temps de cerises,
Si vous avez peur des chagrins d'amour,
Évitez les belles.
Moi qui ne crains pas les peines cruelles,
Je ne vivrai point sans souffrir un jour...
Quand nous en serons au temps de cerises,
Vous aurez aussi vos peines d'amour.

J'aimerai toujours le temps des cerises
C'est de ce temps-là que je garde au cœur
Une plaie ouverte.
Et Dame Fortune en m'étant offerte
Ne pourra jamais fermer ma douleur...
J'aimerai toujours le temps des cerises
Et le souvenir que je garde au cœur.

SULLY PRUD'HOMME (1839-1907)

René-François-Armand Prud'homme, dit Sully Prud'homme, après une enfance triste auprès d'une mère que le veuvage a rendu mélancolique, devient ingénieur au Creusot, puis, déçu par la mécanique, travaille chez un notaire, avant de pouvoir, grâce à un héritage, se consacrer à la littérature, sa seule vocation.
Engagé dans la garde mobile, pendant la guerre franco-prussienne de 1870, il est victime d'une attaque de paralysie dont il gardera, toute sa vie, des séquelles, un amour déçu le détourne du mariage... Cet homme dont le quotidien est plutôt gris a toutefois le plaisir de savoir que, dans tous les salons, les jeunes filles récitent son célèbre poème, ***Le vase brisé.***
Ami des Parnassiens, il refuse toutefois d'en être le disciple et sa poésie intimiste lui procure une vaste audience. En 1901, il est élu à l'Académie française et reçoit le premier prix Nobel de Littérature.

LES BERCEAUX

Le long du Quai, les grands vaisseaux,
Que la houle incline en silence,
Ne prennent pas garde aux berceaux,
Que la main des femmes balance.

Mais viendra le jour des adieux,
Car il faut que les femmes pleurent
Et que les hommes curieux
Tentent les horizons qui leurrent !

Et ce jour-là les grands vaisseaux,
Fuyant le port qui diminue,
Sentent leur masse retenue
Par l'âme des lointains berceaux.

LE MEILLEUR MOMENT DES AMOURS

Le meilleur moment des amours
N'est pas quand on a dit : Je t'aime.
Il est dans le silence même
A demi rompu tous les jours;

Il est dans les intelligences
Promptes et furtives des cœurs;
Il est dans les feintes rigueurs
Et les secrètes indulgences;

Il est dans le frisson du bras
Où se pose la main qui tremble,
Dans la page qu'on tourne ensemble,
Et que pourtant on ne lit pas.

Heure unique où la bouche close
Par sa pudeur seule en dit tant!
Où le cœur s'ouvre en éclatant
Tout bas, comme un bouton de rose.

Où le parfum seul des cheveux
Paraît une faveur conquise...
Heure de la tendresse exquise
Où les respects sont des aveux!

SUR L'EAU

Je n'entends que le bruit de la rive et de l'eau,
Le chagrin résigné d'une source qui pleure
Ou d'un rocher qui verse une larme par heure,
Et le vague frisson des feuilles de bouleau.

Je ne sens pas le fleuve entraîner le bateau,
Mais c'est le bord fleuri qui passe, et je demeure ;
Et dans le flot profond, que de mes yeux j'effleure,
Le ciel bleu renversé tremble comme un rideau.

On dirait que cette onde en sommeillant serpente,
Oscille, et ne sait plus le côté de la pente ;
Une fleur qu'on y pose hésite à le choisir.

Et, comme cette fleur, tout ce que l'homme envie
Peut se venir poser sur le flot de ma vie,
Sans désormais m'apprendre où penche mon désir.

ICI-BAS

Ici-bas tous les lilas meurent,
Tous les chants des oiseaux sont courts.
Je rêve aux étés qui demeurent
Toujours…

Ici-bas les lèvres effleurent,
Sans rien laisser voir de leur velours.
Je rêve aux baisers qui demeurent
Toujours…

Ici-bas tous les hommes pleurent,
Leurs amitiés et leurs amours.
Je rêve aux couples qui demeurent
Toujours…

LES YEUX

Bleus ou noirs, tous aimés, tous beaux,
Des yeux sans nombre ont vu l'aurore;
Ils dorment au fond des tombeaux,
Et le soleil se lève encore.

Les nuits, plus douces que les jours,
Ont enchanté des yeux sans nombre;
Les étoiles brillent toujours,
Et les yeux se sont remplis d'ombre.

Oh ! qu'ils aient perdu le regard,
Non, non, cela n'est pas possible !
Ils se sont tournés quelque part,
Vers ce qu'on nomme l'invisible;

Et comme les astres penchants
Nous quittent, mais au ciel demeurent,
Les prunelles ont leurs couchants;
Mais il n'est pas vrai qu'elles meurent.

Bleus ou noirs, tous aimés, tous beaux,
Ouverts à quelque immense aurore,
De l'autre côté des tombeaux
Les yeux qu'on ferme voient encore.

LE VASE BRISÉ

Le vase où meurt cette verveine
D'un coup d'éventail fut fêlé ;
Le coup dut l'effleurer à peine,
Aucun bruit ne l'a révélé.

Mais la plus légère meurtrissure
Mordant le cristal chaque jour,
D'une marche invisible et sûre
En a fait lentement le tour.

Son eau fraîche a fui goutte à goutte,
Le suc des fleurs s'est épuisé ;
Personne encore ne s'en doute,
N'y touchez pas, il est brisé.

Souvent aussi la main qu'on aime,
Effleurant le cœur, le meurtrit ;
Puis le cœur se fend de lui-même,
La fleur de son amour périt ;

Toujours intact aux yeux du monde,
Il sent croître et pleurer tout bas
Sa blessure fine et profonde :
Il est brisé, n'y touchez pas.

CHARLES CROS (1842-1888)

Né à Fabrezan, dans l'Aude, Charles Cros, sous la tutelle de son instituteur de père, se révéla très vite un génie : il apprit seul le sanscrit et l'hébreu, et obtint son baccalauréat à quatorze ans. Capable de passer de la littérature à la physique et à la chimie, il fit des travaux en électricité, optique, acoustique...

A dix-huit ans il est professeur de chimie à l'Institut parisien des sourds-muets de Paris, (il le restera trois ans, pour ensuite se consacrer à la recherche). A l'Exposition universelle de 1867, il présenta un télégraphe automatique de son invention... Un an avant Edison, en 1877, il inventa le phonographe, mais n'en tira aucun profit.

A ses activités de scientifique, il ajoutait celle de poète. Ami des Parnassiens comme des symbolistes, il fréquenta Rimbaud et Verlaine, se brouillant avec le second à cause de l'inconduite du premier, fut l'intime du peintre Édouard Manet comme de l'humoriste Alphonse Allais, lança le célèbre cabaret du Chat noir, et publia ***Le Coffret de Santal,*** *son principal recueil poétique, avant de mourir, en 1888, à quarante-six ans. (Le second recueil,* ***Le Collier de griffes,*** *fut posthume.)*

Les contemporains de ce bohème qui vivait – et buvait – beaucoup dans les cafés, pour fuir la solitude, ne soupçonnèrent pas, à l'exception de Verlaine, son talent poétique et son génie d'inventeur. Ce sont les surréalistes qui l'ont reconnu comme leur précurseur.

SONNET MADRIGAL

J'ai voulu des jardins pleins de roses fleuries,
J'ai rêvé de l'Éden aux vivantes féeries,
Des lacs bleus, d'horizons aux tons de pierreries;
Mais je ne veux plus rien; il suffit que tu ries.

Car roses et muguets, tes lèvres et tes dents
Plus que l'Éden, sont but de désirs imprudents
Et tes yeux sont des lacs de saphirs, et dedans
S'ouvrent des horizons sans fin, des cieux ardents.

Corps musqués sous la gaze où l'or lamé s'étale,
Nefs, haschisch... j'ai rêvé l'ivresse orientale,
Et mon rêve s'incarne en ta beauté fatale.

Car, plus encor qu'en mes plus fantastiques vœux,
J'ai trouvé de parfum dans l'or de tes cheveux,
D'ivresse à m'entourer de tes beaux bras nerveux.

ELLE S'EST ENDORMIE, UN SOIR...

Elle s'est endormie, un soir, croisant ses bras,
Ses bras souples et blancs sur sa poitrine frêle,
Et fermant pour toujours ses yeux clairs, déjà las
De regarder ce monde, exil trop lourd pour Elle.

Elle vivait de fleurs, de rêves, d'idéal,
Âme, incarnation de la Ville éternelle.
Lentement étouffée, et d'un semblable mal,
La splendeur de Paris s'est éteinte avec Elle.

Et pendant que son corps attend pâle et glacé
La résurrection de sa beauté charnelle,
Dans ce monde où, royale et douce, Elle a passé,
Nous ne pouvons rester qu'en nous souvenant d'Elle.

ROSES ET MUGUETS

Dans le vallon qu'arrose
L'eau courante, j'allais
Un jour cueillir la rose,
La rose et les muguets.

Mon amoureux qui n'ose
Rien me dire, y passait;
Moi, je cueillais la rose,
La rose et le muguet.

« Oh vilain ! oh morose ! »
Au nez je lui riais,
Tout en cueillant la rose,
La rose et les muguets.

Sur l'herbe je me pose
En jetant mon bouquet,
Mon beau bouquet de rose,
De rose et de muguet.

« Dis-moi donc quelque chose !
Les oiseaux sont plus gais
Gazouillant à la rose,
Becquetant les muguets.

N'aye pas peur qu'on glose,
Le lézard fait le guet
Couché sur une rose,
Caché dans le muguet. »

Mais sur ma bouche close
Son baiser me narguait.
« Tes lèvres sont de rose,
Et tes dents de muguet. »

Le méchant ! Il est cause
(Moi qui tant me moquais)
Que dans l'eau court ma rose,
Ma rose et mes muguets.

EN ÉTÉ LES LIS ET LES ROSES...

En été les lis et les roses
Jalousaient ses tons et ses poses,

La nuit, par l'odeur des tilleuls
Nous nous en sommes allés seuls.

LA VIE IDÉALE

Une salle avec du feu, des bougies,
Des soupers toujours servis, des guitares,
Des fleurets, des fleurs, tous les tabacs rares,
Où l'on causerait pourtant sans orgies.

Au printemps lilas, roses et muguets,
En été jasmins, œillets et tilleuls
Rempliraient la nuit du grand parc où, seuls
Parfois, les rêveurs fuiraient les bruits gais.

Les hommes seraient tous de bonne race,
Dompteurs familiers des Muses hautaines,
Et les femmes, sans cancans et sans haines,
Illumineraient les soirs de leur grâce.

Et l'on songerait, parmi ces parfums
De bras, d'éventails, de fleurs, de peignoirs,
De fins cheveux blonds, de lourds cheveux noirs,
Aux pays lointains, aux siècles défunts.

L'odeur de son corps, sur la mousse,
Est plus enivrante et plus douce.

En revenant le long des blés,
Nous étions tous deux bien troublés.

Comme les blés que le vent frôle,
Elle ployait sur mon épaule.

SOIR

Je viens de voir ma bien-aimée
Et vais au hasard, sans desseins,
La bouche encor toute embaumée
Du tiède contact de ses seins.

Mes yeux voient à travers le voile
Qu'y laisse le plaisir récent,
Dans chaque lanterne une étoile,
Un ami dans chaque passant.

Chauves-souris disséminées,
Mes tristesses s'en vont en l'air
Se cacher par les cheminées,
Noires, sur le couchant vert-clair.

Le gaz s'allume aux étalages...
Moi, je crois, au lieu du trottoir,
Fouler sous mes pieds les nuages
Ou les tapis de son boudoir.

Car elle suit mes courses folles,
Et le vent vient me caresser
Avec le son de ses paroles
Et le parfum de son baiser.

AVENIR

Les coquelicots noirs et les bleuets fanés
Dans le foin capiteux qui réjouit l'étable,
La lettre jaunie où mon aïeul respectable
A mon aïeule fit des serments surannés,

La tabatière où mon grand-oncle a mis le nez,
Le trictrac incrusté sur la petite table
Me ravissent. Ainsi dans un temps supputable
Mes vers vous raviront, vous qui n'êtes pas nés.

Or, je suis très vivant. Le vent qui vient m'envoie
Une odeur d'aubépine en fleur et de lilas,
Le bruit de mes baisers couvre le bruit des glas.

Ô lecteurs à venir, qui vivez dans la joie
Des seize ans, des lilas et des premiers baisers,
Vos amours font jouir mes os décomposés.

RENDEZ-VOUS

Ma belle amie est morte,
Et voilà qu'on la porte
En terre, ce matin,
En souliers de satin.

Elle dort toute blanche,
En robe de dimanche,
Dans son cercueil ouvert
Malgré le vent d'hiver.

Creuse, fossoyeur, creuse
A ma belle amoureuse
Un tombeau bien profond,
Avec ma place au fond.

Avant que la nuit tombe
Ne ferme pas la tombe;
Car elle m'avait dit
De venir cette nuit,

De venir dans sa chambre :
« Par ces nuits de décembre,
Seule, en mon lit étroit,
Sans toi, j'ai toujours froid. »

***

Mais, par une aube grise,
Son frère l'a surprise
Nue et sur mes genoux.
Il m'a dit : « Battons-nous.

Que je te tue. Ensuite
Je tuerai la petite. »
C'est moi qui, m'en gardant,
L'ai tué, cependant.

Sa peine fut si forte
Qu'hier elle en est morte.
Mais, comme elle m'a dit,
Elle m'attend au lit.

***

Au lit que tu sais faire,
Fossoyeur, dans la terre.
Et, dans ce lit étroit,
Seule, elle aurait trop froid.

J'irai coucher près d'elle,
Comme un amant fidèle,
Pendant toute la nuit
Qui jamais ne finit.

L'AUTOMNE FAIT LES BRUITS FROISSÉS...

L'automne fait les bruits froissés
De nos tumultueux baisers.

Dans l'eau tombent les feuilles sèches
Et, sur ses yeux, les folles mèches.

Voici les pêches, les raisins,
J'aime mieux sa joue et ses seins.

Que me fait le soir triste et rouge,
Quand sa lèvre boudeuse bouge ?

Le vin qui coule des pressoirs
Est moins traître que ses yeux noirs.

SOIRS ÉTERNELS

Dans le parc, les oiseaux se querellent entre eux.
Après la promenade en de sombres allées,
On rentre ; on mange ensemble, et tant de voix mêlées
N'empêchent pas les doux regards, furtifs, heureux.

Et la chambre drapée en tulle vaporeux
Rose de la lueur des veilleuses voilées,
Où ne sonnent jamais les heures désolées !...
Parfums persuadeurs qui montent du lit creux !...

Elle vient, et se livre à mes bras, toute fraîche
D'avoir senti passer l'air solennel du soir
Sur son corps opulent, sous les plis du peignoir.

A bas peignoir ! le lit embaume. Ô fleur de pêche
Des épaules, des seins frissonnants et peureux !...
Dans le parc les oiseaux se font l'amour entre eux.

SONNET ASTRONOMIQUE

Alors que finissait la journée estivale,
Nous marchions, toi pendue à mon bras, moi rêvant
A ces mondes lointains dont je parle souvent.
Aussi regardais-tu chaque étoile en rivale.

Au retour, à l'endroit où la côte dévale,
Tes genoux ont fléchi sous le charme énervant
De la soirée et des senteurs qu'avait le vent.
Vénus, dans l'ouest doré, se baignait triomphale.

Puis, las d'amour, levant les yeux languissamment,
Nous avons eu tous les deux un long tressaillement
Sous la sérénité du rayon planétaire.

Sans doute, à cet instant, deux amants dans Vénus,
Arrêtés en des bois aux parfums inconnus,
Ont, entre deux baisers, regardé notre terre.

MADRIGAL
Sur un carnet d'ivoire

Mes vers, sur les lames d'ivoire
De votre carnet, font semblant
D'imiter la floraison noire
Des cheveux sur votre cou blanc.

Il faudrait d'immortelles strophes
A votre charme triomphal,
Quand dans un tourbillon d'étoffes
Vous entrez follement au bal.

Le sein palpite sous la gaze
Et, fermés à demi, les yeux
Voilent leurs éclairs de topaze
Sous la frange des cils soyeux.

Willis parisienne, empreinte
D'un charme inquiétant, mais doux,
J'attends, voluptueuse crainte,
La mort, si je valse avec vous.

RONDE FLAMANDE

Si j'étais roi de la forêt,
Je mettrai une couronne
Toute d'or ; en velours bleuet
J'aurais un trône,

En velours bleu, garni d'argent,
Comme un livre de prière,
J'aurais un verre en diamant
Rempli de bière,

Rempli de bière ou de vin blanc.
Je dormirais sur des roses.
Dire qu'un roi peut avoir tant
De belles choses.

Dire qu'un roi prend quand il veut
La plus belle fille au monde
Dont les yeux sont du plus beau bleu,
Et la plus blonde,

Avec des tresses comme en a
Jusqu'aux genoux, Marguerite.
Si j'étais roi, c'est celle-là
Que j'aurais vite.

J'irais la prendre à son jardin,
Sur l'eau, dans ma barque noire,
Mât de nacre et voile en satin,
Rames d'ivoire.

Satin blanc, nacre et câbles d'or...
Des flûtes, des mandolines
Pour bercer la belle qui dort
Sur des hermines !

Hermine, agrès d'or et d'argent,
Doux concert, barque d'ébène,
Couronne et verre en diamant...
J'en suis en peine.

Je n'ai que mon cœur de garçon.
Marguerite se contente
D'être reine en la chanson
Que je lui chante.

CHANT ÉTHIOPIEN

Apportez-moi des fleurs odorantes,
Pour me parer, compagnes errantes,
Pour te charmer, ô mon bien-aimé.
Déjà le vent s'élève embaumé.

Le vent du soir fait flotter vos pagnes.
Dans vos cheveux, pourquoi mes compagnes,
Entrelacer ces perles de lait ?
Mon cou – dit-il – sans perles lui plaît.

Mon cou qu'il prend entre ses bras souples
Frémit d'amour. Nous voyons par couples,
Tout près de nous, entre les roseaux,
Dans le muguet, jouer les oiseaux.

Le blanc muguet fait des perles blanches.
Mon bien-aimé rattache à mes hanches
Mon pagne orné de muguet en fleur ;
Mes dents – dit-il – en ont la pâleur.

Mes blanches dents et mon sein qui cède
Mes longs cheveux, lui seul les possède.
Depuis le soir où son œil m'a lui,
Il est à moi ; moi je suis à lui.

CHANSON DE LA CÔTE

Voici rentrer l'officier de marine,
Il a des favoris noirs.
Le vent de mer a gonflé sa narine,
Il dit combien de vaisseaux il a pris.

Voici rentrer l'officier de marine,
Il a deux beaux galons d'or.
Il veut surprendre, au logis, Mathurine
Sa femme, son plus précieux trésor.

Voici rentrer l'officier de marine,
Il veut revoir sa maison,
Son lard qui sèche et ses sacs de farine,
Ses pommiers lourds de pommes à foison.

Repars bien vite, officier de marine,
Tes pommiers on a coupé,
Tes sacs vidés, ton lard frit. Mathurine
Avec des gens de terre t'a trompé.

Repars bien vite, officier de marine,
Pour un voyage bien long.
Tes favoris seront blancs, ta narine
Sera ridée au troisième galon.

L'ARCHET

Elle avait de beaux cheveux, blonds
Comme une moisson d'août, si longs
Qu'ils lui tombaient jusqu'aux talons.

Elle avait une voix étrange,
Musicale, de fée ou d'ange,
Des yeux verts sous leur noire frange.

Lui ne craignait pas de rival,
Quand il traversait mont ou val,
En l'emportant sur son cheval.

Car, pour tous ceux de la contrée,
Altière elle s'était montrée,
Jusqu'au jour qu'il l'eut rencontrée.

L'amour la prit si fort au cœur,
Que pour un sourire moqueur,
Il lui vint un mal de langueur.

Et dans ses dernières caresses :
« Fais un archet avec mes tresses,
Pour charmer tes autres maîtresses. »

Puis dans un long baiser nerveux,
Elle mourut. Suivant ses vœux,
Il fit l'archet de ses cheveux.

Comme un aveugle qui marmonne,
Sur un violon de Crémone
Il jouait, demandant l'aumône.

Tous avaient d'enivrants frissons
A l'écouter. Car dans ces sons
Vivaient la morte et ses chansons.

Le roi, charmé, fit sa fortune.
Lui, sut plaire à la reine brune
Et l'enlever au clair de lune.

Mais chaque fois qu'il y touchait
Pour plaire à la reine, l'archet
Tristement le lui reprochait.

Au son du funèbre langage,
Ils moururent à mi-voyage.
Et la morte reprit son gage.

Elle reprit ses cheveux blonds
Comme une moisson d'août, si longs
Qu'ils lui tombaient jusqu'aux talons.

HEURES SEREINES

J'ai pénétré bien des mystères
Dont les humains sont ébahis ;
Grimoires de tous les pays
Êtres et lois élémentaires.

Les mots morts, les nombres austères
Laissaient mes espoirs engourdis ;
L'amour m'ouvrit ses paradis
Et l'étreinte de ses panthères.

Le pouvoir magique à mes mains
Se dérobe encore. Aux jasmins
Les chardons ont mêlé leurs haines.

Je n'en pleure pas ; car le Beau
Que je rêve, avant le tombeau,
M'aura fait des heures sereines.

TRIOLETS FANTAISISTES

Sidonie a plus d'un amant
C'est une chose bien connue
Qu'elle avoue, elle, fièrement,
Sidonie a plus d'un amant.
Parce que pour elle, être nue
Est son plus charmant vêtement.
C'est une chose bien connue,
Sidonie a plus d'un amant.

Elle en prend à ses cheveux blonds
Comme, à sa toile, l'araignée
Prend les mouches et les frelons.
Elle en prend à ses cheveux blonds.
Vers sa prunelle ensoleillée
Ils volent, pauvres papillons.
Comme, à sa toile, l'araignée
Elle en prend à ses cheveux blonds.

Elle en attrape avec les dents
Quand le rire entr'ouvre sa bouche
Et dévore les imprudents.
Elle en attrape avec les dents.
Sa bouche, quand elle se couche,
Reste rose et ses dents dedans.
Quand le rire entr'ouvre sa bouche
Elle en attrape avec les dents.

Elle les mène par le nez,
Comme fait, dit-on le crotale
Des oiseaux qu'il a fascinés.
Elle les mène par le nez.
Quand dans une moue elle étale
Sa langue à leurs yeux étonnés,
Des oiseaux qu'il a fascinés.
Comme fait, dit-on le crotale
Elle les mène par le nez.

Sidonie a plus d'un amant
Qu'on le lui reproche ou l'en loue
Elle s'en moque également,
Sidonie a plus d'un amant.
Aussi, jusqu'à ce qu'on la cloue
Au sapin de l'enterrement,
Qu'on le lui reproche ou l'en loue
Sidonie aura plus d'un amant.

LENDEMAIN

Avec les fleurs, avec les femmes,
Avec l'absinthe, avec le feu,
On peut se divertir un peu,
Jouer son rôle en quelque drame.

L'absinthe bue un soir d'hiver
Éclaire en vert l'âme enfumée,
Et les fleurs, sur la bien-aimée
Embaument devant le feu clair.

Puis les baisers perdent leurs charmes,
Ayant duré quelques saisons.
Les réciproques trahisons
Font qu'on se quitte un jour, sans larmes.

On brûle lettres et bouquets
Et le feu se met à l'alcôve,
Et, si la triste vie est sauve,
Restent l'absinthe et ses hoquets.

Les portraits sont mangés des flammes :
Les doigts crispés sont tremblotants....
On meurt d'avoir dormi longtemps
Avec les fleurs, avec les femmes.

BALLADE DU DERNIER AMOUR

Mes souvenirs sont si nombreux
Que ma raison n'y peut suffire.
Pourtant je ne vis que par eux,
Eux seuls me font pleurer et rire.
Le présent est sanglant et noir ;
Dans l'avenir qu'ai-je à poursuivre ?
Calme frais des tombeaux, le soir !...
Je me suis trop hâté de vivre.

Amours heureux ou malheureux,
Lourds regrets, satiété pire,
Yeux noirs veloutés, clairs yeux bleus,
Aux regards qu'on ne peut pas dire,
Cheveux noyant le démêloir
Couleur d'or, d'ébène ou de cuivre,
J'ai voulu tout voir, tout avoir.
Je me suis trop hâté de vivre.

Je suis las. Plus d'amour. Je veux
Vivre seul, pour moi seul décrire
Jusqu'à l'odeur de tes cheveux,
Jusqu'à l'éclair de ton sourire,
Dire ton royal nonchaloir,
T'évoquer entière en un livre
Pur et vrai comme ton miroir.
Je me suis trop hâté de vivre.

Envoi
Ma chanson, vapeur d'encensoir,
Chère envolée, ira te suivre.
En tes bras j'espérais pouvoir
Attendre l'heure qui délivre ;
Tu m'as pris mon tour. Au revoir.
Je me suis trop hâté de vivre.

CONCLUSION

J'ai rêvé les amours divins,
L'ivresse des bras et des vins,
L'or, l'argent, les royaumes vains,

Moi, dix-huit ans, Elle, seize ans.
Parmi les sentiers amusants
Nous irions sur nos alezans.

Il est loin le temps des aveux
Naïfs, des téméraires vœux !
Je n'ai d'argent qu'en mes cheveux.

Les âmes dont j'aurais besoin
Et les étoiles sont trop loin.
Je vais mourir soûl, dans un coin.

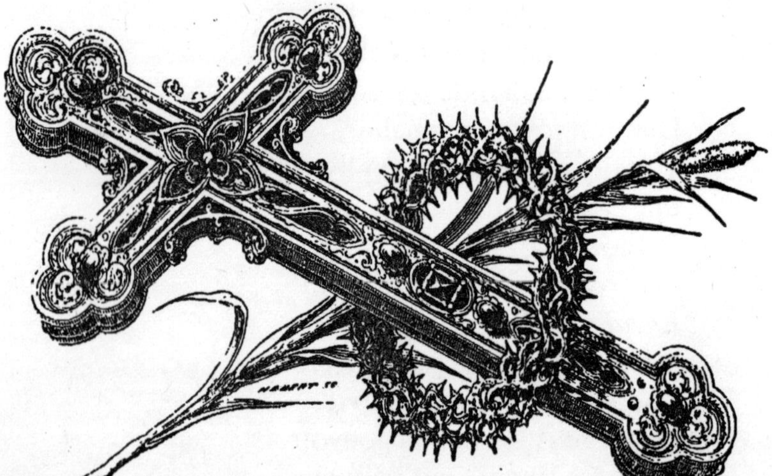

STÉPHANE MALLARMÉ (1842-1888)

Né à Paris, étudiant à Sens, époux d'une allemande, professeur d'anglais à Londres, à Tournon, puis à Paris, Stéphane Mallarmé, obsédé par la richesse intérieure et l'exigence du beau, eut perpétuellement à lutter contre la pauvreté dans sa vie quotidienne.

Passionné de Wagner, ami d'Édouard Manet (à la mort de ce dernier la meilleure amie du peintre sera sa maîtresse), créateur d'un magazine féminin, La dernière mode, dont il est le seul rédacteur, il devient le chef de file du mouvement symboliste, recevant ses disciples tous les mardis, dans son modeste appartement de la rue de Rome.

Élu Prince des poètes à la place de Verlaine, qui le tenait en haute estime, il meurt deux ans après, en 1898, dans sa petite maison de campagne à proximité de la forêt de Fontainebleau.

Mallarmé, dessin de Verlaine

LES FLEURS

Des avalanches d'or du vieil azur, au jour
Premier et de la neige éternelle des astres
Jadis tu détachas les grands calices pour
La terre jeune encore et vierge de désastres,

Le glaïeul fauve, avec les cygnes au col fin,
Et ce divin laurier des âmes exilées
Vermeil comme le pur orteil du séraphin
Que rougit la pudeur des aurores foulées,

L'hyacinthe, le myrte à l'adorable éclair
Et, pareille à la chair de la femme, la rose
Cruelle, Hérodiade en fleur du jardin clair,
Celle qu'un sang farouche et radieux arrose !

Et tu fis la blancheur sanglotante des lys
Qui roulant sur des mers de soupirs qu'elle effleure
A travers l'encens bleu des horizons pâlis
Monte rêveusement vers la lune qui pleure !

Hosannah sur le cistre et dans les encensoirs,
Notre-Dame, hosannah du jardin de nos limbes !
Et finisse l'écho par les célestes soirs,
Extase des regards, scintillement des nimbes !

Ô Mère qui créas en ton sein juste et fort,
Calices balançant la future fiole,
De grandes fleurs avec la balsamique Mort
Pour le poète las que la vie étiole.

BRISE MARINE

La chair est triste, hélas ! et j'ai lu tous les livres.
Fuir ! là-bas fuir ! Je sens que des oiseaux sont ivres
D'être parmi l'écume inconnue et les cieux !
Rien, ni les vieux jardins reflétés par les yeux
Ne retiendra ce cœur qui dans la mer se trempe
Ô nuits ! ni la clarté déserte de ma lampe
Sur le vide papier que la blancheur défend
Et ni la jeune femme allaitant son enfant.
Je partirai ! Steamer balançant ta mâture,
Lève l'ancre pour une exotique nature !
Un Ennui, désolé par les cruels espoirs,
Croit encore à l'adieu suprême des mouchoirs !
Et, peut-être, les mâts, invitant les orages
Sont-ils de ceux qu'un vent penche sur les naufrages
Perdus, sans mâts, sans mâts, ni fertiles îlots...
Mais, ô mon cœur, entends le chant des matelots !

SOUPIR

Mon âme vers ton front où rêve, ô calme sœur,
Un automne jonché de taches de rousseur,
Et vers le ciel errant de ton œil angélique
Monte, comme dans un jardin mélancolique,
Fidèle, un blanc jet d'eau soupire vers l'Azur !
– Vers l'Azur attendri d'Octobre pâle et pur
Qui mire aux grands bassins sa langueur infinie
Et laisse, sur l'eau morte où la fauve agonie
Des feuilles erre au vent et creuse un froid sillon,
Se traîner le soleil jaune d'un long rayon.

LES FENÊTRES

Las du triste hôpital, et de l'encens fétide
Qui monte en la blancheur banale des rideaux
Vers le grand crucifix ennuyé du mur vide,
Le moribond sournois y redresse un vieux dos,

Se traîne et va, moins pour chauffer sa pourriture
Que pour voir du soleil sur les pierres, coller
Les poils blancs et les os de la maigre figure
Aux fenêtres qu'un beau rayon clair veut hâler.

Et la bouche, fiévreuse et d'azur bleu vorace,
Telle, jeune, elle alla respirer son trésor,
Une peau virginale et de jadis ! encrasse
D'un long baiser amer les tièdes carreaux d'or.

Ivre, il vit, oubliant l'horreur des saintes huiles,
Les tisanes, l'horloge et le lit infligé,
La toux ; et quand le soir saigne parmi les tuiles,
Son œil, à l'horizon de lumière gorgé,

Voit des galères d'or, belles comme des cygnes,
Sur un fleuve de pourpre et de parfums dormir
En berçant l'éclair fauve et riche de leurs lignes
Dans un grand nonchaloir chargé de souvenir !

Ainsi, pris du dégoût de l'homme à l'âme dure
Vautré dans le bonheur, où ses seuls appétits
Mangent, et qui s'entête à chercher cette ordure
Pour l'offrir à la femme allaitant ses petits,

Je fuis et je m'accroche à toutes les croisées
D'où l'on tourne l'épaule à la vie, et, béni,
Dans leur verre, lavé d'éternelles rosées,
Que dore le matin chaste de l'Infini

Je me mire et me vois ange ! et je meurs, et j'aime
— Que la vitre soit l'art, soit la mysticité
A renaître, portant mon rêve en diadème,
Au ciel antérieur où fleurit la Beauté !

Mais, hélas ! Ici-bas est maître : sa hantise
Vient m'écœurer parfois jusqu'en cet abri sûr,
Et le vomissement impur de la Bêtise
Me force à me boucher le nez devant l'azur.

Est-il moyen, ô Moi qui connais l'amertume,
D'enfoncer le cristal par le monstre insulté
Et de m'enfuir, avec mes deux ailes sans plume
Au risque de tomber pendant l'éternité ?

O SI CHÈRE DE LOIN...

Ô si chère de loin et proche et blanche, si
Délicieusement toi, Mary, que je songe
A quelque baume rare émané par mensonge
Sur aucun bouquetier de cristal obscurci

Le sais-tu, oui ! pour moi voici des ans, voici
Toujours que ton sourire éblouissant prolonge
La même rose avec son bel été qui plonge
Dans autrefois et puis dans le futur aussi.

Mon cœur qui dans les nuits parfois cherche à s'entendre
Ou de quel dernier mot t'appeler le plus tendre
S'exalte en celui rien que chuchoté de sœur

N'était, très grand trésor et tête si petite,
Que tu m'enseignes bien toute une autre douceur
Tout bas par le baiser seul dans tes cheveux dite.

LE VIERGE, LE VIVACE...

Le vierge, le vivace, et le bel aujourd'hui
Va-t-il nous déchirer avec un coup d'aile ivre
Ce lac dur oublié que hante sous le givre
Le transparent glacier des vols qui n'ont pas fui !

Un cygne d'autrefois se souvient que c'est lui
Magnifique, mais qui, sans espoir, se délivre
Pour n'avoir pas chanté la région où vivre
Quand du stérile hiver a resplendi l'ennui.

Tout son col secouera cette blanche agonie
Par l'espace infligée à l'oiseau qui le nie,
Mais non l'horreur du sol où le plumage est pris.

Fantôme qu'à ce lieu son pur éclat assigne,
Il s'immobilise au songe froid de mépris.
Que vêt parmi l'exil inutile le Cygne.

TRISTESSE D'ÉTÉ

Le soleil, sur le sable, ô lutteuse endormie,
En l'or de tes cheveux chauffe un bain langoureux
Et, consumant l'encens sur ta joue ennemie,
Il mêle avec les pleurs un breuvage amoureux.

De ce blanc flamboiement l'immuable accalmie
T'as fait dire, attristée, ô mes baisers peureux,
« Nous ne serons jamais une seule momie
Sous l'antique désert et les palmiers heureux ! »

Mais ta chevelure est une rivière tiède,
Où noyer sans frissons l'âme qui nous obsède
Et trouver ce Néant que tu ne connais pas !

Je goûterai le fard pleuré par tes paupières,
Pour voir s'il sait donner au cœur que tu frappas
L'insensibilité de l'azur et des pierres

JOSÉ MARIA DE HEREDIA (1842-1905)

Sa mère est française. Son père, espagnol, est l'un des plus riches planteurs de café de l'île de Cuba. L'ancêtre de la famille a été le compagnon de Cortez lorsqu'il a découvert le Nouveau Monde. José-Maria de Heredia, malgré cette prestigieuse lignée, est éduqué en France, et décide de s'y installer, la fortune familiale lui permettant d'étudier beaucoup en travaillant peu. Le contraire d'un poète maudit.
Leconte de Lisle le prend sous sa protection : il apprécie, dans les réunions des Parnassiens, la verve méridionale de ce convive qui n'écrit guère. Heredia mettra plus de trente ans à parfaire son chef-d'œuvre, et unique livre : **Les Trophées.**
Le succès est immédiat, et durable. Les cent-dix-huit sonnets de cette « légende des siècles » en raccourci le mènent à l'Académie française.
L'époque apprécie la perfection de ses vers, sa précision d'orfèvre. Heredia, magnifique illustration de la poétique du Parnasse, a le verbe éclatant, et éloquent.
Cet homme qui meurt ruiné dans un château normand apportait l'exotisme, dans une fin de siècle mercantile, et ses vers sonnent encore haut et clair comme les coups d'épée d'un conquistador.

FLEURS DE FEU

Bien des siècles depuis les siècles du Chaos,
La flamme par torrents jaillit de ce cratère,
Et le panache igné du volcan solitaire
Flambe plus haut encor que les Chimborazos.

Nul bruit n'éveille plus la cime sans échos.
Où la cendre pleuvait l'oiseau se désaltère :
Le sol est immobile et le sang de la Terre,
La lave, en se figeant, lui laissa le repos.

Pourtant, suprême effort de l'antique incendie,
A l'orle de la gueule à jamais refroidie,
Éclatant à travers les rocs pulvérisés,

Comme un coup de tonnerre au milieu du silence,
Dans le poudroiement d'or du pollen qu'elle lance
S'épanouit la fleur des cactus embrasés.

FLEUR SÉCULAIRE

Sur le roc calciné de la dernière rampe
Où le flux volcanique autrefois s'est tari,
La graine que le vent au haut Gualatieri
Sema, germe, s'accroche et, frêle plante, rampe.

Elle grandit. En l'ombre où sa racine trempe,
Son tronc, buvant la flamme obscure, s'est nourri ;
Et les soleils d'un siècle ont longuement mûri
Le bouton colossal qui fait ployer sa hampe.

Enfin, dans l'air brûlant et qu'il embrase encor,
Sous le pistil géant qui s'érige, il éclate,
Et l'étamine lance au loin le pollen d'or ;

Et le grand aloès à la fleur écarlate,
Pour l'hymen ignoré qu'a rêvé son amour,
Ayant vécu cent ans, n'a fleuri qu'un seul jour.

SOLEIL COUCHANT

Les ajoncs éclatants, parure de granit,
Dorent l'âpre sommet que le couchant allume ;
Au loin, brillante encor par sa barre d'écume,
La mer sans fin recommence où la terre finit.

A mes pieds c'est la nuit, le silence. Le nid
Se tait, l'homme est rentré sous le chaume qui fume ;
Seul, l'Angélus du soir, ébranlé dans la brume,
A la vaste rumeur de l'Océan s'unit.

Alors, comme du fond d'un abîme, des traînes,
Des landes, des ravins, montent des voix lointaines
De pâtres attardés ramenant le bétail.

L'horizon tout entier s'enveloppe dans l'ombre,
Et le soleil mourant, sur un ciel riche et sombre,
Ferme les branches d'or de son rouge éventail.

UN PEINTRE

Il a compris la race antique aux yeux pensifs
Qui foule le sol dur de la terre bretonne
La lande rase, rose et grise et monotone
Où croulent les manoirs sous le lierre et les ifs.

Des hauts talus plantés de hêtres convulsifs,
Il a vu, par les soirs impétueux d'automne,
Sombrer le soleil rouge en la mer qui moutonne ;
Sa lèvre s'est salée à l'embrun des récifs.

Il a peint l'Océan splendide, immense et triste,
Où le nuage laisse un reflet d'améthyste,
L'émeraude écumante et le calme saphir ;

Et fixant l'eau, l'air, l'ombre et l'heure insaisissables,
Sur une toile étroite il a fait réfléchir
Le ciel occidental dans le miroir des sables.

BRISE MARINE

L'hiver a défleuri la lande et le courtil.
Tout est mort. Sur la roche uniformément grise
Où la lame sans fin de l'Atlantique brise
Le pétale fané pend au dernier pistil.

Et pourtant je ne sais quel arôme subtil
Exhalé de la mer jusqu'à moi par la brise,
D'un effluve si tiède emplit mon cœur qu'il grise ;
Ce souffle étrangement parfumé, d'où vient-il ?

Ah, je le reconnais. C'est de trois mille lieues
Qu'il vient, de l'Ouest, là-bas où les Antilles bleues
Se pâment sous l'ardeur de l'astre occidental ;

Et j'ai, de ce récif battu du flot kymrique,
Respiré dans le vent qu'embauma l'air natal
La fleur jadis éclose au jardin d'Amérique.

SUIVANT PÉTRARQUE

Vous sortiez de l'église et, d'un geste pieux,
Vos nobles mains faisaient l'aumône au populaire,
Et sous le proche obscur votre beauté si claire
Aux pauvres éblouis montrait tout l'or des cieux.

Et je vous saluai d'un salut gracieux,
Très humble, comme il sied à qui ne veut déplaire,
Quand, tirant votre mante et d'un air de colère
Vous détournant de moi, vous couvrîtes vos yeux.

Mais Amour qui commande au cœur le plus rebelle
Ne voulut pas souffrir que, moins tendre que belle,
La source de pitié me refusât merci :

Et vous fûtes si lente à ramener le voile,
Que vos cils ombrageux palpitèrent ainsi
Qu'un noir feuillage où filtre un long rayon d'étoile.

LE SAMOURAÏ

D'un doigt distrait frôlant la sonore bîva,
A travers les bambous tressés en fine latte,
Elle a vu, par la plage éblouissante et plate,
S'avancer le vainqueur que son amour rêva.

C'est lui. Sabres au flanc, l'éventail haut, il va.
La cordelière rouge et le gland écarlate
Coupent l'armure sombre et, sur l'épaule, éclate
Le blason de Hizen ou de Tokungawa.

Ce beau guerrier vêtu de lames et de plaques,
Sous le bronze, la soie et les brillantes laques,
Semble un crustacé noir, gigantesque et vermeil.

Il l'a vue. Il sourit dans la barbe du masque,
Et son pas plus hâtif fait reluire au soleil
Les deux antennes d'or qui tremblent à son casque.

LE TEPIDARIUM

La myrrhe a parfumé leurs membres assouplis ;
Elles rêvent, goûtant la tiédeur de décembre,
Et le brasier de bronze illuminant la chambre
Jette la flamme et l'ombre à leurs beaux fronts pâlis.

Aux coussins de byssus, dans la pourpre des lits,
Sans bruit, parfois un corps de marbre rose ou d'ambre
Ou se soulève à peine ou s'allonge ou se cambre ;
Le lin voluptueux dessine de longs plis.

Sentant à sa chair nue errer l'ardent effluve,
Une femme d'Asie, au milieu de l'étuve,
Tord ses bras énervés en un ennui serein ;

Et le pâle troupeau des filles d'Ausonie
S'enivre de la riche et sauvage harmonie
Des noirs cheveux roulant sur un torse d'airain.

VITRAIL

Cette verrière a vu dames et hauts barons
Étincelants d'azur, d'or, de flamme et de nacre,
Incliner, sous la dextre auguste qui consacre,
L'orgueil de leurs cimiers et de leurs chaperons ;

Lorsqu'ils allaient, au bruit du cor et des clairons,
Ayant le glaive au poing, le gerfaut ou le sacre,
Vers la plaine ou le bois, Byzance ou Saint-Jean d'Acre,
Partir pour la croisade ou le vol des hérons.

Aujourd'hui, les seigneurs auprès des châtelaines,
Avec le lévrier à leurs longues poulaines,
S'allongent aux carreaux de marbre blanc et noir ;

Ils gisent sans voix, sans geste et sans ouïe,
Et de leurs yeux de pierre ils regardent sans voir
La rose du vitrail toujours épanouie.

LES CONQUÉRANTS

Comme un vol de gerfauts hors du charnier natal,
Fatigués de porter leurs misères hautaines,
De Palos, de Moguer, routiers et capitaines
Partaient, ivres d'un rêve héroïque et brutal.

Ils allaient conquérir le fabuleux métal
Que Cipango mûrit dans ses mines lointaines,
Et les vents alizés inclinaient leurs antennes
Aux bords mystérieux du monde occidental.

Chaque soir, espérant des lendemains épiques,
L'azur phosphorescent de la mer des Tropiques
Enchantait leur sommeil d'un mirage doré ;

Ou, penchés à l'avant des blanches caravelles,
Ils regardaient monter en un ciel ignoré
Du fond de l'Océan des étoiles nouvelles.

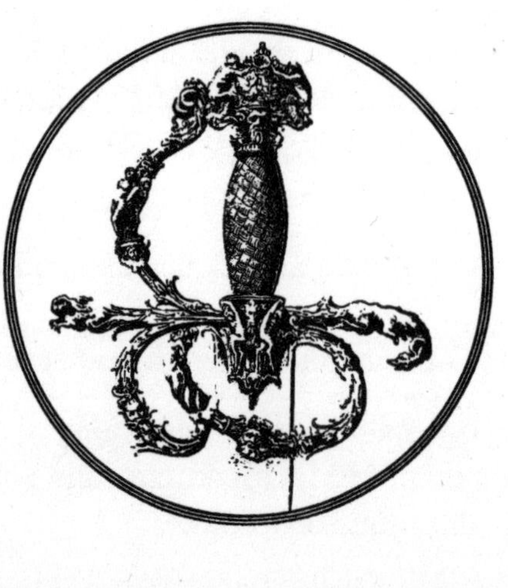

FRANÇOIS COPPÉE (1842-1908)

De modeste origine, François Coppée était expéditionnaire au ministère de la Guerre quand les poèmes qu'il publiait dans des revues furent remarqués par Leconte de Lisle.
Le réalisme poétique, le « populisme » de cet ami de Verlaine et de Heredia lui valurent des succès de vente qui ne changèrent pas sa casanière façon de vivre : « J'ai le regret des rêveurs qui n'ont pas voyagé...»
Bibliothécaire au Sénat, puis archiviste à la Comédie française, poste dont il démissionna parce qu'une de ses pièces y avait été refusée, le couronnement de sa carrière fut son élection à l'Académie française, en 1884.

LA MORT DES OISEAUX

Le soir, au coin du feu, j'ai pensé bien des fois
A la mort d'un oiseau, quelque part dans les bois.
Pendant les tristes jours de l'hiver monotone,
Les pauvres nids déserts, les nids qu'on abandonne,
Se balancent au vent sur un ciel gris de fer.
Oh ! comme les oiseaux doivent mourir l'hiver !
Pourtant lorsque viendra le temps des violettes,
Nous ne trouverons pas leurs délicats squelettes
Dans le gazon d'avril où nous irons courir.
Est-ce que les oiseaux se cachent pour mourir ?

LA PETITE MARCHANDE DE FLEURS

Le soleil froid donnait un ton rose au grésil,
Et le ciel de novembre avait des airs d'avril,
Nous voulions profiter de la belle gelée.
Moi chaudement vêtu, toi bien emmitouflée
Sous le manteau, sous la voilette et sous les gants,
Nous franchissions, parmi les couples élégants,
La porte de la blanche et joyeuse avenue,
Quand soudain jusqu'à nous une enfant presque nue
Et livide, tenant des fleurettes en main,
Accourut, se frayant à la hâte un chemin
Entre les beaux habits et les riches toilettes,
Nous offrir un bouquet de violettes.
Elle avait deviné que nous étions heureux
Sans doute, et s'était dit : « Ils seront généreux ».
Elle nous proposa ses fleurs d'une voix douce,
En souriant avec ce sourire qui tousse,
Et c'était monstrueux, cette enfant de sept ans
Qui mourait de l'hiver en offrant le printemps.
Ses pauvres petits doigts étaient pleins d'engelures.
Moi, je sentais le fin parfum de tes fourrures,
Je voyais ton cou rose et blanc sous la fanchon,
Et je touchais ta main chaude dans ton manchon.
Nous fîmes notre offrande, amie, et nous passâmes ;
Mais la gaîté s'était envolée, et nos âmes
Gardèrent jusqu'au soir un souvenir amer.
Mignonne, nous ferons l'aumône cet hiver.

PROMENADE

Je suis un pâle enfant du vieux Paris, et j'ai
Le regret des rêveurs qui n'ont pas voyagé.
Au pays bleu mon âme en vain se réfugie,
Elle n'a jamais pu perdre la nostalgie
Des verts chemins qui vont là-bas, à l'horizon.
Comme un pauvre captif vieilli dans sa prison
Se cramponne aux barreaux étroits de sa fenêtre
Pour voir mourir le jour et pour le voir renaître,
Ou comme un exilé, promeneur assidu,
Regarde du coteau le pays défendu
Se dérouler au loin sous l'immensité bleue,
Ainsi je fuis la ville et cherche la banlieue.
Avec mon rêve heureux, j'aime partir, marcher
Dans la poussière, voir le soleil se coucher
Parmi la brume d'or, derrière les vieux ormes,
Contempler les couleurs splendides et les formes
Des nuages baignés dans l'occident vermeil,
Et, quand l'ombre succède à la mort du soleil,
M'éloigner encor plus par quelque agreste rue
Dont l'ornière rappelle un sillon de charrue,
Gagner les champs pierreux, sans songer au départ,
Et m'asseoir, les cheveux au vent, sur le rempart.
Au loin, dans la lueur blême du crépuscule,
L'amphithéâtre noir des collines recule,
Et tout au fond du val profond et solennel,
Paris pousse à mes pieds son soupir éternel.
Le sombre azur du ciel s'épaissit. Je commence
A distinguer des bruits dans ce murmure immense,
Et je puis, écoutant, rêveur et plein d'émoi,
Le vent du soir froissant les herbes près de moi,
Et, parmi le chaos des ombres débordantes,
Le sifflet douloureux des machines stridentes,
Ou l'aboiement d'un chien, ou le cri d'un enfant,
Ou le sanglot d'un orgue au lointain s'étouffant,
Ou le tintement clair d'une tardive enclume,
Voir la nuit qui s'étoile et Paris qui s'allume.

RUINES DU CŒUR

Mon cœur était jadis comme un palais romain,
Tout construit de granits choisis, de marbres rares.
Bientôt les passions, comme un flot de barbares,
L'envahirent, la hache ou la torche à la main.

Ce fut une ruine alors. Nul bruit humain.
Vipères et hiboux. Terrains de fleurs avares.
Partout gisaient, brisés, porphyres et carrares ;
Et les ronces avaient effacé le chemin.

Je suis resté longtemps seul,devant mon désastre.
Des midis sans soleil, des minuits sans un astre,
Passèrent, et j'ai, là, vécu d'horribles jours ;

Mais tu parus enfin, blanche dans la lumière,
Et, bravement, afin de loger nos amours,
Des débris du palais j'ai bâti ma chaumière.

PAUL ARÈNE (1843-1896)

Romancier, poète, journaliste, Paul Arène partagea son œuvre, où il chante le Midi, **(*Jean des Figues, La Chèvre d'or, Des Alpes aux Pyrénées...*)** *entre la langue française et la langue d'oc. Ami d'Alphonse Daudet, qui appréciait ses dons de conteur, il collabora avec lui pour* ***Les Lettres de mon Moulin,*** *et, disciple de Frédéric Mistral, participa, après la guerre de 1870, à la création du Félibrige de Paris, association qui regroupait les poètes et écrivains défenseurs de la culture provençale.*

LA CIGALE

L'air est si chaud que la cigale,
La pauvre cigale frugale
Qui se régale de chansons,
Ne fait plus entendre les sons
De sa chansonnette inégale ;
Et, rêvant qu'elle agite encor
Ses petits tambourins de fée,
Sur l'écorce des pins, chauffée,
Ou pleure une résine d'or,
Ivre de soleil elle dort.

CATULLE MENDÈS (1843-1909)

Né à Bordeaux en 1848, Catulle Mendès fut l'un des fondateurs du Parnasse. D'un talent éclectique, il était aussi à l'aise dans l'épique que dans le rustique, le lied que la symphonie. Poète, mais aussi écrivain de romans et de recueils de contes roses assez osés, grande figure des salons parisiens, il épousa, en premières noces, Judith Gautier, à la grande fureur jalouse de son beau-père Théophile qui refusa d'assister au mariage, ne concevant pas que sa fille puisse quitter le toit paternel. Le ménage ne resta pas longtemps soudé. Catulle Mendès, que Maupassant prétendait « compliqué comme personne » mourut à Paris en 1909, broyé par un train, comme Émile Verhaeren plus tard.

LARMES D'ENFANT

Naguère, au temps des églantines,
J'avais des peines enfantines.

Mon cœur se gonflait sans raison
Sous les lilas en floraison.

A respirer les chauds calices
Je goûtais d'amères délices ?

Sous les étoiles, pâle et coi,
Je pleurais sans savoir pourquoi.

Et maintenant je pleure encore,
Le long des soirs comme à l'aurore ;

En hiver, sous le blanc grésil,
Sur les roses pendant l'avril,

Mes larmes tombent à toute heure :
Mais je sais bien pourquoi je pleure !

CONSEIL

Reste morne. Dérobe.leur
L'ivresse où ton âme se noie,
Et sache imposer à ta joie
La gravité de la douleur.

Que ton rêve, lent, se balance,
Doux et lent comme un encensoir,
Parmi la profondeur du soir
Mélancolique et du silence.

Que sans désirs et sans effrois
Tes grands yeux où rien ne s'étonne
Soient semblables aux jours d'automne ;
Profonds, placides, ternes, froids ;

Et déplore les courtes fièvres
Des amants ivres de chansons
Qu'Avril revoit dans les buissons,
La flamme aux yeux, le rire aux lèvres ;

Car l'ombre est le cachot prudent
Du bonheur si vite infidèle,
Et le rire, c'est le bruit d'aile
Que fait la joie en s'évadant !

RESTE, N'ALLUME PAS LA LAMPE...

Reste. N'allume pas la lampe. Que nos yeux
S'emplissent pour longtemps de ténèbres, et laisse
Tes bruns cheveux verser la pesante mollesse
De leurs ondes sur nos baisers silencieux.

Nous sommes las autant l'un que l'autre. Le cieux
Pleins de soleil nous ont trompés. Le jour nous blesse.
Voluptueusement berçons notre faiblesse
Dans l'océan du soir morne et silencieux.

Lente extase, houleux sommeil exempt de songe,
Le flux funèbre roule et déroule et prolonge
Tes cheveux où mon front se pâme enseveli...

Calme soir, qui hais la vie et lui résistes,
Quel long fleuve de paix léthargique et d'oubli
Coule dans les cheveux profonds des brunes tristes ?

PAUL VERLAINE (1844-1896)

A sa naissance à Metz, ce fils d'officier est consacré par sa mère à la Vierge Marie, et sera habillé en bleu jusqu'à l'âge de sept ans. Mais dès l'adolescence, Paul Verlaine préfère les amitiés particulières et l'alcool aux études de droit auxquelles on le destinait. Pour échapper à ses démons, il se marie avec Mathilde en 1870, mais survient Arthur Rimbaud, avec lequel il va vivre une passion qui mènera en prison, après qu'il lui ait tiré dessus avec un revolver.

Sa peine de deux ans purgée en Belgique, il enseigne en Angleterre, revient à Paris, en 1875, où Mathilde lui interdit de revoir son fils. Vivant auprès de sa mère, il promet constamment de s'amender, redécouvre, lui l'ancien enfant de Marie, la foi, mais, chaque fois, succombe.

Il va de cabarets en hôpitaux, vivant de petits emplois de fonctionnaire et du maigre gain rapporté par ses plaquettes de poésie. Ses disciples et ses amis, qui reconnaissent son génie, se cotisent pour l'aider à survivre. Verlaine, qui cache sa détresse sous des coups de colère, ressemble davantage à un clochard dont l'organisme est rongé par l'absinthe qu'à celui que ses pairs ont élu Prince des poètes, mais dont l'Académie française n'a pas voulu. Le « pauvre Lélian » achève sa vie misérable dans un taudis, le 9 janvier 1896.

COLLOQUE SENTIMENTAL

Dans le vieux parc solitaire et glacé,
Deux formes ont tout à l'heure passé.

Leurs yeux sont morts et leurs lèvres sont molles,
Et l'on entend à peine leurs paroles.

Dans le vieux parc solitaire et glacé,
Deux spectres ont évoqué le passé.

– Te souvient-il de notre extase ancienne ?
–Pourquoi voulez-vous donc qu'il m'en souvienne ?

–Ton cœur bat-il toujours à mon seul nom ?
Toujours vois-tu mon âme en rêve ? –Non.

– Ah ! les beaux jours de bonheur indicible
Où nous joignions nos bouches ! – C'est possible.

– Qu'il était bleu, le ciel, et grand, l'espoir !
– L'espoir a fui, vaincu, vers le ciel noir.

Tels ils marchaient dans les avoines folles,
Et la nuit seule entendit leurs paroles.

NEVERMORE

Souvenir, souvenir, que me veux-tu ? L'automne
Faisait voler la grive à travers l'air atone,
Et le soleil dardait un rayon monotone
Sur le bois jaunissant où la bise détonne.

Nous étions seul à seule et marchions en rêvant,
Elle et moi, les cheveux et la pensée au vent.
Soudain, tournant vers moi son regard émouvant :
« Quel fut ton plus beau jour ?» fit sa voix d'or vivant,

Sa voix douce et sonore, au frais timbre angélique.
Un sourire discret lui donna la réplique,
Et je baisai sa main blanche, dévotement.

– Ah ! les premières fleurs, qu'elles sont parfumées !
Et qu'il bruit avec un murmure charmant
Le premier oui qui sort de lèvres bien-aimées !

SPLEEN

Les roses étaient toutes rouges,
Et les lierres étaient tous noirs.

Chère, pour peu que tu te bouges,
Renaissent tous les désespoirs.

Le ciel était trop bleu, trop tendre,
La mer trop verte et l'air trop doux.

Je crains toujours, – ce qu'est d'attendre !
Quelque fuite atroce de vous.

Du houx à la feuille vernie
Et du luisant buis je suis las,

Et de la campagne infinie
Et de tout, fors de vous, hélas !

L'ESPOIR LUIT COMME UN BRIN DE PAILLE...

L'espoir luit comme un brin de paille dans l'étable.
Que crains-tu de la guêpe ivre de son vol fou ?
Vois, le soleil toujours poudroie à quelque trou.
Que ne t'endormais-tu, le coude sur la table ?

Pauvre âme pâle, au moins cette eau du puits glacé,
Bois-la. Puis dors après. Allons, tu vois, je reste,
Et je dorloterai les rêves de ta sieste,
Et tu chantonneras comme un enfant bercé.

Midi sonne. De grâce éloignez-vous, madame.
Il dort. C'est étonnant comme les pas de femme
Résonnent au cerveau des pauvres malheureux.

Midi sonne. j'ai fait arroser dans la chambre.
Va, dors ! L'espoir luit comme un caillou dans un creux.
Ah, quand refleuriront les roses de septembre !

LA LUNE BLANCHE...

La lune blanche
Luit dans les bois ;
De chaque branche
Part une voix
Sous la ramée...

Ô bien-aimée.

L'étang reflète,
Profond miroir,
La silhouette
Du saule noir
Où le vent pleure...

Rêvons, c'est l'heure,

Un vaste et tendre
Apaisement
Semble descendre
Du firmament
Que l'astre irise...

C'est l'heure exquise.

LE PETIT BERGER (A POOR YOUNG SHEPERD)

J'ai peur d'un baiser
Comme d'une abeille.
Je souffre et je veille
Sans me reposer.
J'ai peur d'un baiser !

Pourtant j'aime Kate
Et ses yeux jolis
Elle est délicate
Aux longs traits pâlis.
Oh ! que j'aime Kate !

C'est saint-Valentin !
Je dois et je n'ose
Lui dire au matin...
La terrible chose
Que saint-Valentin !

Elle m'est promise,
Fort heureusement !
Mais quelle entreprise
Que d'être un amant
Près d'une promise !

J'ai peur d'un baiser
Comme d'une abeille.
Je souffre et je veille
Sans me reposer.
J'ai peur d'un baiser !

WALCOURT

Briques et tuiles,
Ô les charmants
Petits asiles
Pour les amants !

Houblons et vignes,
Feuilles et fleurs,
Tentes insignes
Des francs buveurs !

Guinguettes claires,
Bières, clameurs,
Servantes chères
A tous fumeurs !

Gares prochaines,
Gais chemins grands...
Quelles aubaines,
Bons juifs errants !

À MADAME X...
EN LUI ENVOYANT UNE PENSÉE

Au temps où vous m'aimiez (bien sûr ?)
Vous m'envoyâtes, fraîche éclose,
Une chère petite rose,
Frais emblème, message pur.

Elle disait en son langage
Les « serments du premier amour » ;
Votre cœur à moi pour toujours
Et toutes les choses d'usage.

Trois ans sont passés. Nous voilà !
Mais moi, j'ai gardé la mémoire
De votre rose, et c'est ma gloire
De penser encore à cela.

Hélas si j'ai souvenance,
Je n'ai plus la fleur, ni le cœur !
Elle est aux quatre vents ; la fleur.
Le cœur ? Mais voici que j'y pense,

Fut-il mien jamais ? Entre nous ?
Moi, le mien bat toujours le même,
Il est toujours simple. Un emblème
A mon tour. Dites, voulez-vous

Que, tout pesé, je vous envoie,
Triste sélam, mais c'est ainsi,
Cette pauvre négresse-ci ?
Elle n'est pas couleur de joie.

Mais elle est couleur de mon cœur ;
Je l'ai cueillie à quelque fente
Du pavé captif que j'arpente
En ce lieu de juste douleur.

A-t-elle besoin d'autres preuves ?
Acceptez-la pour le plaisir.
J'ai tant fait que de la cueillir,
Et c'est presque une fleur-des-veuves.

CLAIR DE LUNE

Votre âme est un paysage choisi
Que vont charmant masques et bergamasques
Jouant du luth et dansant et quasi
Tristes sous leurs déguisements fantasques.

Tout en chantant sur le mode mineur
L'amour vainqueur et la vie opportune,
Ils n'ont pas l'air de croire à leur bonheur
Et leur chanson se mêle au clair de lune,

Au calme clair de lune triste et beau,
Qui fait rêver les oiseaux dans les arbres
Et sangloter d'extase les jets d'eau,
Les grands jets d'eau sveltes parmi les marbres.

J'ALLAIS PAR DES CHEMINS...

J'allais par des chemins perfides,
Douloureusement incertain.
Vos chères mains furent mes guides.

Si pâle à l'horizon lointain
Luisait un faible espoir d'aurore;
Votre regard fut le matin.

Nul bruit, sinon son pas sonore,
N'encourageait le voyageur.
Votre voix me dit : « Marche encore ! »

Mon cœur craintif, mon sombre cœur
Pleurait, seul sur la triste voie;
L'amour, délicieux vainqueur,

Nous a réunis dans la joie.

JE VOUS REVOIE ENCOR...

Je vous revois encor. J'entr'ouvris la porte.
Vous étiez au lit comme fatiguée.
Mais, ô corps léger que l'amour emporte,
Vous bondîtes nue, éplorée et gaie.

Ô quels baisers, quels enlacements fous !
J'en riais moi-même à travers mes pleurs.
Certes, ces instants seront entre tous,
Mes plus tristes, mais aussi mes meilleurs.

Je ne veux revoir de votre sourire
Et de vos bons yeux en cette occurrence
Et de vous, enfin, qu'il faudrait maudire,
Et du piège exquis, rien que l'apparence.

CHANSON D'AUTOMNE

Les sanglots longs
Des violons
De l'automne
Bercent mon cœur
D'une langueur
Monotone.

Tout suffocant
Et blême, quand
Sonne l'heure,
Je me souviens
Des jours anciens
Et je pleure ;

Et je m'en vais
Au vent mauvais
Qui m'emporte
Deçà, delà,
Pareil à la
Feuille morte.

MON RÊVE FAMILIER

Je fais souvent ce rêve étrange et pénétrant
D'une femme inconnue, et que j'aime, et qui m'aime,
Et qui n'est, chaque fois, ni tout à fait la même
Ni tout à fait une autre, et m'aime et me comprend.

Car elle me comprend, et mon cœur, transparent
Pour elle seule, hélas ! cesse d'être un problème
Pour elle seule, et les moiteurs de mon front blême,
Elle seule les sait rafraîchir, en pleurant.

Est-elle brune, blonde ou rousse ? –Je l'ignore.
Son nom ? Je me souviens qu'il est doux et sonore
Comme ceux des aimés que la Vie exila.

Son regard est pareil au regard des statues,
Et, pour sa voix, lointaine et calme, et grave, elle a
L'inflexion des voix chères qui se sont tues.

GREEN

Voici des fruits, des fleurs, des feuilles et des branches
Et puis voici mon cœur, qui ne bat que pour vous.
Ne le déchirez pas avec vos deux mains blanches
Et qu'à vos yeux si beaux l'humble présent soit doux.

J'arrive tout couvert encore de rosée
Que le vent du matin vient glacer à mon front,
Souffrez que ma fatigue, à vos pieds reposée,
Rêve des chers instants qui la délasseront.

Sur votre jeune sein laissez rouler ma tête
Toute sonore encor de vos derniers baisers ;
Laissez-la s'apaiser de la bonne tempête,
Et que je dorme un peu puisque vous reposez.

IL PLEURE DANS MON CŒUR

Il pleure dans mon cœur
Comme il pleut sur la ville,
Quelle est cette langueur
Qui pénètre mon cœur ?

Ô bruit doux de la pluie
Par terre et sur les toits !
Pour un cœur qui s'ennuie
Ô le chant de la pluie !

Il pleure sans raison
Dans ce cœur qui s'écœure
Quoi ! nulle trahison ?
Ce deuil c'est sans raison.

C'est bien la pire peine
De ne savoir pourquoi,
Sans amour et sans haine
Mon cœur a tant de peine !

BRUXELLES / CHEVAUX DE BOIS

Tournez, tournez, bons chevaux de bois,
Tournez cent tours, tournez mille tours,
Tournez souvent et tournez toujours,
Tournez, tournez au son des hautbois.

Le gros soldat, la plus grosse bonne
Sont sur vos dos comme dans leur chambre ;
Car, en ce jour, au bois de la Cambre,
Les maîtres sont tous deux en personne.

Tournez, tournez chevaux de leur cœur,
Tandis qu'autour de tous vos tournois
Clignote l'œil du filou sournois
Tournez au son du piston vainqueur.

C'est ravissant comme ça vous soûle,
D'aller ainsi dans ce cirque bête !
Bien dans le ventre et mal dans la tête,
Du mal en masse et du bien en foule.

Tournez, tournez sans qu'il soit besoin
D'user jamais de nuls éperons
Pour commander à vos galops ronds,
Tournez, tournez sans espoir de foin.

Et dépêchez, chevaux de leur âme,
Déjà, voici que la nuit qui tombe
Va réunir pigeon et colombe,
Loin de la foire et loin de madame.

Tournez, tournez ! le ciel en velours
D'astres en or se vêt lentement.
Voici partir l'amante et l'amant.
Tournez au son joyeux des tambours.

LES INGÉNUS

Les hauts talons luttaient avec les longues jupes,
En sorte que, selon le terrain et le vent,
Parfois luisaient des bas de jambe, trop souvent
Interceptés ! – et nous aimions ce jeu de dupes.

Parfois aussi le dard d'un insecte jaloux
Inquiétait le col des belles sous les branches,
Et c'étaient des éclairs soudains de nuques blanches,
Et ce régal comblait nos jeunes yeux de fous.

Le soir tombait, un soir équivoque d'automne :
Les belles, se pendant rêveuses à nos bras,
Dirent alors des mots si spécieux, tout bas,
Que notre âme, depuis ce temps, tremble et s'étonne.

CYTHÈRE

Un papillon à claires-voies
Abrite doucement nos joies
Qu'éventent des rosiers amis ;

L'odeur des roses, faible, grâce
Au vent léger d'été qui passe,
Se mêle aux parfums qu'elle a mis ;

Comme ses yeux l'avaient promis
Son courage est grand et sa lèvre
Communique une exquise fièvre ;

Et, l'Amour comblant tout, hormis
La faim, sorbets et confitures
Nous préservent des courbatures.

PAUVRE GASPARD...

Gaspard Hauser chante :

Je suis venu, calme orphelin,
Riche de mes seuls yeux tranquilles,
Vers les hommes des grandes villes :
Ils ne m'ont pas trouvé malin.

A vingt ans un trouble nouveau
Sous le nom d'amoureuses flammes
M'a fait trouver belles les femmes :
Elles ne m'ont pas trouvé beau.

Bien que sans patrie et sans roi
Et très brave ne l'étant guère,
J'ai voulu mourir à la guerre :
La mort n'a pas voulu de moi.

Suis-je né trop tôt ou trop tard ?
Qu'est-ce que je fais en ce monde ?
Ô vous tous, ma peine est profonde :
Priez pour le pauvre Gaspard !

SOLEILS COUCHANTS

Une aube affaiblie
Verse par les champs
La mélancolie
Des soleils couchants.
La mélancolie
Berce de doux chants
Mon cœur qui s'oublie
Aux soleils couchants.
Et d'étranges rêves,
Comme des soleils
Couchants sur les grèves,
Fantômes vermeils,
Défilent sans trêves
Défilent pareils
A des grands soleils
Couchants sur les grèves.

STREETS

Dansons la gigue !

J'aimais surtout ses jolis yeux,
Plus clairs que l'étoile des cieux,
J'aimais ses yeux malicieux.

Dansons la gigue !

Elle avait des façons vraiment
De désoler un pauvre amant,
Que c'en était vraiment charmant !

Dansons la gigue !

Dansons la gigue !

Mais je trouve encore meilleur
Le baiser de sa bouche en fleur,
Depuis qu'elle est morte en mon cœur.

Dansons la gigue !

Je me souviens, je me souviens
Des heures et des entretiens,
Et c'est le meilleur de mes biens.

Dansons la gigue !

LE CIEL EST PAR-DESSUS LE TOIT...

Le ciel est, par-dessus le toit,
Si bleu, si calme !
Un arbre, par-dessus le toit
Berce sa palme.

La cloche dans le ciel qu'on voit
Doucement tinte.
Un oiseau sur l'arbre qu'on voit
Chante sa plainte.

Mon Dieu, mon Dieu, la vie est là
Simple et tranquille.
Cette paisible rumeur-là
Vient de la ville.

– Qu'as-tu fait, ô toi que voilà
Pleurant sans cesse,
Dis, qu'as-tu fait, toi que voilà,
De ta jeunesse ?–

TRISTAN CORBIÈRE (1845-1875)

Edouard-Joachim Corbière, dit Tristan Corbière, né en Bretagne, au manoir de Coat Congar, est le fils d'un homme de lettres, capitaine au long cours et directeur de la chambre de commerce de Morlaix. Comme son père, Édouard voudrait naviguer, mais des crises de rhumatismes l'obligent à interrompre ses études à quinze ans. Installé près de Roscoff, il en hante les cabarets. On se moque de sa longue silhouette, de sa laideur. Malgré des problèmes pulmonaires, il sort en mer par tous les temps.

S'étant lié à des peintres en vacances, il suit l'un d'eux en Italie et, lors du voyage, qui le déçoit, rencontre Armida-Josefina Cuchiani, qu'il rebaptise Marcelle. Elle est déjà la maîtresse d'un hobereau français, et devient sa muse, avec la complicité de l'amant en titre.

Il suit le couple à Paris, collabore à une revue et fait publier, à compte d'auteur, son unique recueil poétique, ***Les Amours jaunes,*** *qui passe complètement inaperçu (1873).*

L'année suivante, on le trouve, un soir de décembre, gisant dans sa chambre en tenue de soirée. « Marcelle » tente de le soigner avant que la mère du poète ne le fasse revenir à Morlaix, où il s'éteint, le 1er mars 1875, l'année de ses trente ans, en pressant sur sa poitrine une touffe de bruyères en fleur.

Ce n'est que dix ans après leur parution que Verlaine, touché par le destin et le génie de ce poète maudit, révélera ***Les Amours jaunes*** *au public..*

MÂLE-FLEURETTE

Ici reviendra la fleurette blême
Dont les renouveaux sont toujours passés...
Dans les cœurs ouverts, sur les os tassés,
Une folle brise, un beau jour, la sème...

On crache dessus ; on l'imite même,
Pour en effrayer les gens très-sensés...
Ici reviendra la fleurette blême.

– Oh ! ne craignez pas son humble anathème
Pour vos ventres mûrs, Cucurbitacés !
Elle connaît bien tous ses trépassés !
Et, quand elle tue, elle sait qu'on l'aime...
–C'est la male-fleur, la fleur de bohème. –

Ici reviendra la fleurette blême.

DUEL AUX CAMÉLIAS

J'ai vu le soleil dur contre les touffes
Ferrailler. – J'ai vu deux fers soleiller,
Deux fers qui faisaient des parades bouffes ;
Des merles en noir regardaient briller.

Un monsieur en ligne arrangeait sa manche ;
Blanc, il me semblait un gros camélia ;
Une autre fleur rose était sur la branche,
Rose comme... Et puis un fleuret plia.

– Je vois rouge... Ah oui ! c'est juste : on s'égorge –
... Un camélia blanc – là – comme Sa gorge...
Un camélia jaune, – ici – tout mâché...

Amour mort, tombé de ma boutonnière.
– A moi, plaie ouverte et fleur printanière !
Camélia vivant, de sang panaché !

À UNE ROSE

Rose, rose d'amour vannée,
Jamais fanée,
Le rouge-fin est ta couleur,
Ô fausse-fleur !

Feuille où pondent les journalistes
Un fait-divers,
Papier-Joseph, croquis d'artistes :
–Chiffres ou vers–

Cœur de parfum, montant arôme
Qui nous embaume...
Et ferait même avec succès,
Après décès ;

Grise l'amour de ton haleine,
Vapeur malsaine,
Vent de pastille-du-sérail,
Hanté par l'ail !

Ton épingle, épine-postiche,
Chaque nuit fiche
Le hanneton-d'or, ton amant...
Sensitive ouverte, arrosée
De fausses-perles de rosée,
En diamant !

Chaque jour palpite à la colle
De la corolle
Un papillon-coquelicot,
Pur calicot.

Rose-thé !... –Dans le grog, peut-être !–
Tu dois renaître
Jaune, sous le fard du tampon,
Rose-pompon !

Vénus-Coton, née en pelote,
Un soir-matin,
Parmi l'écume... que culotte
Le clan rapin !

Rose-mousseuse, sur toi pousse
Souvent la mousse
De l'Aï... Du BOCK plus souvent
– A 30 Cent.

– Un coup de soleil de la rampe !
Qui te retrempe ;
Un coup de pouce à ton grand air
Sur fil-de-fer !...

Va, gommeuse et gommée, ô rose
De couperose,
Fleurir les faux-cols et les cœurs,
Gilets vainqueurs !

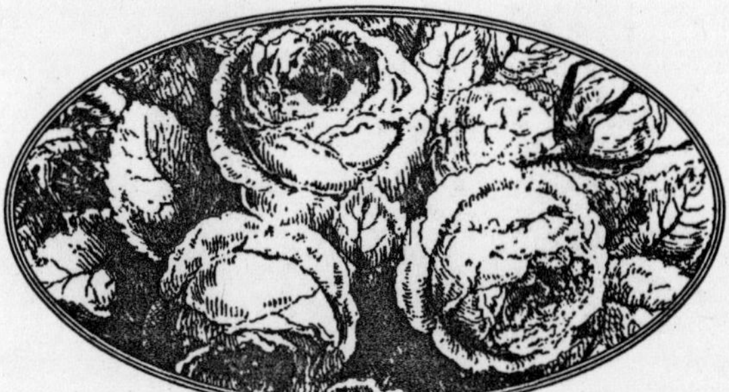

J'AIMAIS...

J'aimais... –Oh, ça n'est plus de vente !
Même il faut payer : dans le tas,
Pioche la femme ! – Mon amante
M'avait dit : « Je n'oublirai pas...»

... J'avais une amante là-bas
Et son ombre pâle me hante
Parmi des senteurs de lilas...
Peut-être Elle pleure... –Eh bien : chante,

Pour toi tout seul, ta nostalgie,
Tes nuits blanches sans bougie...
Tristes vers, tristes au matin !...

Mais ici : fouette-toi d'orgie !
Charge ta paupière rougie,
Et sors ton grand air de catin !

GUITARE

Je sais rouler une amourette
En cigarette,
Je sais rouler l'or et les plats !
Et les filles dans de beaux draps !

Ne crains pas de longueurs fidèles :
Pour mules mes pieds ont des ailes ;
Voleur de nuit, hibou d'amour,
M'envole au jour.

Connais-tu Psyché ? –Non ? –Mercure ?...
Cendrillon et son aventure ?
–Non, – ... Eh bien ! tout cela, c'est moi :
Nul ne me voit.

Et je te laisserais bien fraîche
Comme un petit Jésus en crèche,
Avant le rayon indiscret...
–Je suis si laid ! –

Je sais flamber en cigarette,
Une amourette,
Chiffonner et flamber les draps,
Mettre les filles dans les plats !

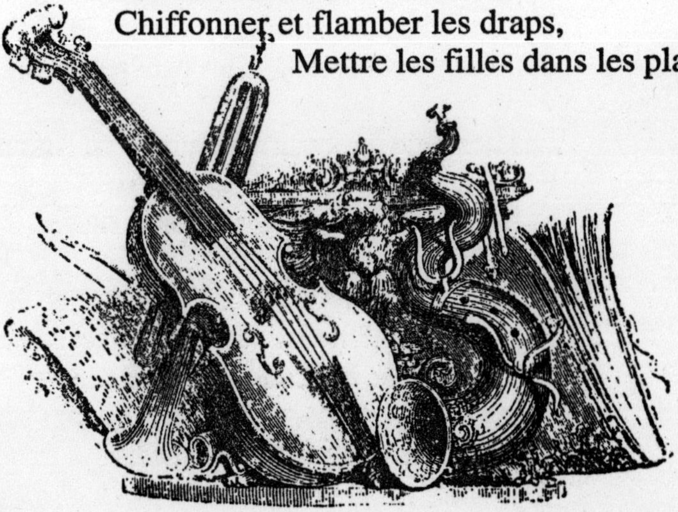

MIRLITON

Dors d'amour, méchant ferreur de cigales !
Dans le chiendent qui te couvrira
La cigale aussi pour toi chantera,
Joyeuse, avec ses petites cymbales.

La rosée aura des pleurs matinales ;
Et le muguet blanc fait un joli drap...
Dors d'amour, méchant ferreur de cigales.

Pleureuses en troupeau passeront les rafales...
La Muse camarde ici posera,
Sur ta bouche noire encore elle aura
Ces rimes qui vont aux moelles des pâles...
Dors d'amour, méchant ferreur de cigales.

PETITE MORT POUR RIRE

Va vite, léger peigneur de comètes !
Les herbes au vent seront tes cheveux ;
De ton œil béant jailliront les feux
Follets, prisonniers dans les pauvres têtes...

Les fleurs de tombeau qu'on nomme Amourettes
Foisonneront plein ton rire terreux...
Et les myosotis, ces fleurs d'oubliettes...

Ne fais pas le lourd : cercueils de poètes
Pour les croque-morts sont de simples jeux,
Boites à violon qui sonnent le creux...
Ils te croiront mort – Les bourgeois sont bêtes –
Va vite, léger peigneur de comètes !

RONDEL

Il fait noir, enfant, voleur d'étincelles !
Il n'est plus de nuits, il n'est plus de jours ;
Dors... en attendant venir toutes celles
Qui disaient : Jamais ! Qui disaient : Toujours !

Entends-tu leurs pas ?... Ils ne sont pas lourds :
Oh ! les pieds légers ! – l'Amour a des ailes...
Il fait noir, enfant, voleur d'étincelles !

Entends-tu leurs voix ?... Les caveaux sont sourds.
Dors : Il pèse peu, ton faix d'immortelles ;
Ils ne viendront pas, tes amis les ours,
Jeter leur pavé sur tes demoiselles...
Il fait noir, enfant, voleur d'étincelles !

SENTIR SUR MA LÈVRE APPAUVRIE...

(Extrait)

Sentir sur ma lèvre appauvrie
Ton dernier baiser se gercer,
La mort dans tes bras me bercer...
Me déshabiller de la vie !...

MAURICE ROLLINAT (1846-1903)

Poète né en 1846 à Châteauroux, monté à Paris pour devenir chansonnier au cabaret du Chat Noir, Maurice Rollinat est un inclassable : ces ami de George Sand, berrichon comme elle, puise son inspiration dans le terroir mais aussi dans une hypocondrie qui l'apparente à Baudelaire. Son inspiration macabre, ***Les Névroses, Ce que dit la vie et ce que dit la mort*** *ira en s'accentuant. Atteint de troubles nerveux, il se retire à la campagne vers 1885, et y meurt en 1903.*

LES OUBLIETTES

Dans les oubliettes de l'âme
Nous jetons le meilleur de nous
Qui languit lentement dissous
Par une moisissure infâme.

Pour le vice qui nous enflamme
Et pour le gain qui nous rend fous,
Dans les oubliettes de l'âme
Nous jetons le meilleur de nous.

Comme personne ne nous blâme,
Parfois, nous nous croyons absous,
Mais un cri nous vient d'en dessous :
C'est la conscience qui clame
Dans les oubliettes de l'âme.

AU CRÉPUSCULE

Le soir, couleur cendre et corbeau,
Verse au ravin qui s'extasie
Sa solennelle poésie
Et son fantastique si beau.

Soudain sur l'eau morte et moisie
S'allume, comme un grand flambeau
Qui se lève sur un tombeau,
La lune énorme et cramoisie.

Et, tandis que dans l'air sanglant,
Tout sort de l'ombre : moulin blanc,
Pont jauni, verte chènevrière,

On voit entre les nénuphars
Moitié rouges, moitié blafards,
Flotter l'âme de la rivière.

GLAS DU SOIR

Des glas ont suivi l'angélus :
Des jours humains sont révolus !
Sous les cieux voilés d'une taie,
Le soleil bas rougit la haie
Et les marécages velus ;
Vers la grande châtaigneraie
Aux patriarches vermoulus,
Tout l'horizon n'est qu'une plaie.
Avec des flux et des reflux,
Le vent traîne par la saulaie
Les gémissements superflus
Des glas.

Voici dormir sillons, futaie,
Étangs, rocs, buissons chevelus,
L'homme seul frémit et s'effraie
Dans ces ravins, sur ces talus
Où se mêle au cri de l'orfraie
Le monotone jamais plus
Des glas !

GERMAIN NOUVEAU (1851-1920)

Les siens le voulaient pharmacien. Après avoir été tenté par la prêtrise, Germain Nouveau quitta Pourrières, son village natal, dans la région aixoise pour Paris. Il y rencontra Verlaine, et Rimbaud, qu'il accompagna à Londres, et avec lequel il garda des relations épistolaires.
Professeur de français à l'étranger, de dessin en France, il paraissait s'être finalement rangé quand, en 1891, il fut interné pendant un an à Bicêtre à la suite d'un accès de delirium tremens.
A sa sortie de l'asile, il sombra dans le mysticisme, signant des poèmes d'inspiration religieuse sous le pseudonyme d'Humilis, renonça à l'enseignement en 1897 et se fit vagabond, vivant de la charité publique. Il se rendit, à pied, dans des pèlerinages en Belgique, en Espagne, en Italie, tout en griffonnant sur des carnets des vers signés Laguerrière.
En 1911, revenu dans son village natal, il s'installa dans une cabane où il sera trouvé mort, le 4 avril 1920, jour de Pâques.

SONNET D'ÉTÉ

Nous habiterons un discret boudoir,
Toujours saturé d'une odeur divine,
Ne laissant entrer, comme on le devine,
Qu'un jour faible et doux ressemblant au soir.

Une blonde frêle en mignon peignoir
Tirera des sons d'une mandoline,
Et les blancs rideaux tout en mousseline
Seront réfléchis par un grand miroir.

Quand nous aurons faim, pour toute cuisine
Nous grignoterons des fruits de la Chine,
Et nous ne boirons que dans du vermeil;

Pour nous endormir, ainsi que des chattes
Nous nous étendrons sur de fraîches nattes;
Nous oublierons tout, – même le soleil !

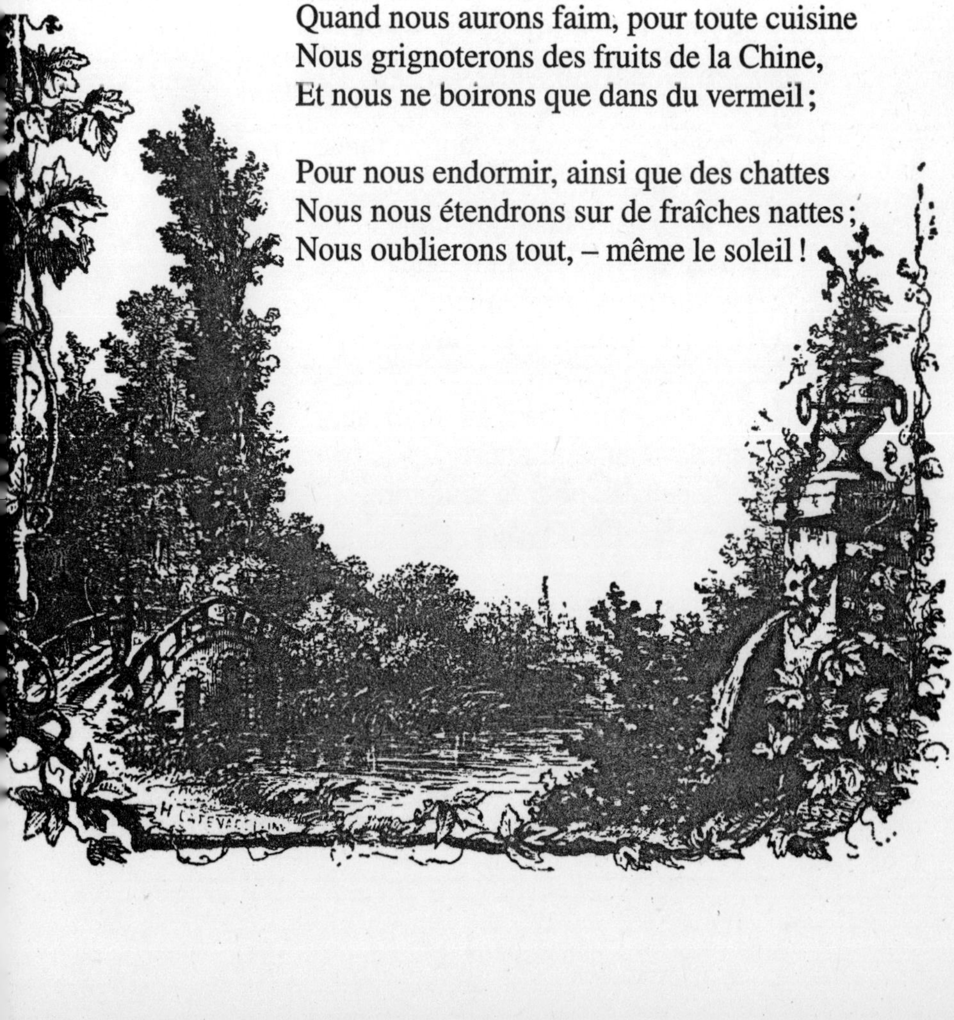

DERNIER MADRIGAL
(Extrait)

Quand je mourrai, ce soir peut-être,
Je n'ai pas de jour préféré,
Si je voulais, je suis le maître,
Mais... ce serait mal me connaître,
N'importe, enfin, quand je mourrai.

Mes chers amis, qu'on me promette
De laisser le bois... au lapin,
Et, s'il vous plaît, qu'on ne me mette
Pas, comme une simple allumette,
Dans une boîte de sapin ;

Ni, comme un hareng, dans sa tonne ;
Ne me couchez pas tout du long,
Pour le coup de fusil qui tonne,
Dans la bière qu'on capitonne
Sous sa couverture de plomb.
Car, je ne veux rien, je vous jure ;

Pas de cercueil ; quant au tombeau,
J'y ferais mauvaise figure,
Je suis peu fait pour la sculpture,
Je le refuse, fût-il beau.

Mon vœu jusque-là ne se hausse ;
Ça me laisserait des remords,
Je vous dis (ma voix n'est pas fausse) :
Je ne veux pas même la fosse,
Où sont les lions et les morts.

Je m'en allais, les p
Mon paletot aussi d
J'allais sous le ciel,
Oh ! là ! là ! que d'a

Mon unique culotte
– Petit Poucet rêveu
Des rimes. Mon aul
– Mes étoiles au cie

Et je les écoutais, a
Ces bons soirs de se
De rosée à mon fron

Où, rimant au milie
Comme des lyres, j
De mes souliers ble

Ô saisons, ô châ
Quelle âme est sa

Ô saisons, ô châte

J'ai fait la magique
Du bonheur, que nu

Ô vive lui, chaque f
Que chante le coq ga

Creusez-moi mon trou dans la terre,
 Sous la bière, au fond du caveau,
Où tout à côté de son père,
Dort déjà ma petite mère,
Madame Augustine Nouveau.

Ah ! comme je vais bien m'étendre,
Avec ma mère sur mon nez.
Comme je vais pouvoir lui rendre
Les baisers qu'en mon âge tendre,
Elle ne m'a jamais donnés.

Pas de suaire en toile bise...
Tiens ! c'est presque un vers de Gautier ;
Pas de linceul, pas de chemise ;
Puisqu'il faut que je vous le dise,
Nu, tout nu, mais nu tout entier.

Comme sans fourreau la rapière,
Comme sans gant du tout la main,
Nu comme un ver sous ma paupière,
Et qu'on ne grave sur leur pierre,
Qu'un nom, un mot, un seul, Germain.

Fou de corps, fou d'esprit, fou d'âme,
De cœur, si l'on veut de cerveau,
J'ai fait mon testament, Madame ;
Qu'il reste entre vos mains de femme,
Dûment signé : Germain Nouveau.

ARTHUR RI

Fils d'un capitaine de
le conjugal, Arthur I
par la précocité de se
le buissonnière en co
fugues pendant la gu
écrit « Mort à Dieu »,
Parti pour Paris avec
en voyou dans les ce
des Communards da
puis s'enfuit avec lui
Ruptures, réconcilia
crise de jalousie, le b
qu'il purge une peine
***enfer.** L'accueil est si*
gabonde à travers l'
déserte...
A vingt-cinq ans, il j
disparaît vers l'Orien
toirs commerciaux, m
un ascète, qui rêve d
rable. Une tumeur
Amputé, il veut retou
Son billet en poche,
atroce agonie longue
novembre 1891.

SENSATION

Par les soirs bleus d'été, j'irai dans les sentiers,
Picoté par les blés, fouler l'herbe menue :
Rêveur, j'en sentirai la fraîcheur à mes pieds.
Je laisserai le vent baigner ma tête nue.

Je ne parlerai pas, je ne penserai rien :
Mais l'amour infini me montera dans l'âme,
Et j'irai loin, bien loin, comme un bohémien,
Par la Nature, – heureux comme avec une femme.

LE BUFFET

C'est un large buffet sculpté ; le chêne sombre,
Très vieux, a pris cet air si bon des vieilles gens ;
Le buffet est ouvert, et verse dans son ombre
Comme un flot de vin vieux, de parfums engageants ;

Tout plein, c'est un fouillis de vieilleries,
De linges odorants et jaunes, de chiffons
De femmes ou d'enfants, de dentelles flétries,
De fichus de grand'mère où sont peints des griffons ;

– C'est là qu'on trouverait les médaillons, les mèches
De cheveux blancs ou blonds, les portraits, les fleurs sèches
Dont le parfum se mêle à des parfums de fruits.

– Ô buffet du vieux temps, tu sais bien des histoires,
Et tu voudrais conter tes contes, et tu bruis
Quand s'ouvrent lentement tes grandes portes noires.

RÊVE POUR L'HIVER

L'hiver, nous irons dans un petit wagon rose
Avec des coussins bleus,
Nous serons bien. Un nid de baisers fous repose
Dans chaque coin moelleux.

Tu fermeras l'œil, pour ne point voir, par la glace,
Grimacer les ombres des soirs,
Ces monstruosités hargneuses, populace
De démons noirs et de loups noirs.

Puis tu te sentiras la joue égratignée...
Un petit baiser, comme une folle araignée,
Te courra par le cou...

Et tu me diras : « Cherche ! » en inclinant la tête,
Et nous prendrons du temps à trouver cette bête
Qui voyage beaucoup...

LE DORMEUR DU VAL

C'est un trou de verdure où chante une rivière
Accrochant follement aux herbes des haillons
D'argent ; où le soleil, de la montagne fière,
Luit : c'est un petit val qui mousse de rayons.

Un soldat jeune, bouche ouverte, tête nue,
Et la nuque baignant dans le frais cresson bleu,
Dort ; il est étendu dans l'herbe, sous la nue,
Pâle dans son lit vert où la lumière pleut.

Les pieds dans les glaïeuls, il dort. Souriant comme
Sourirait un enfant malade, il fait un somme :
Nature, berce-le chaudement : il a froid.

Les parfums ne font pas frissonner sa narine ;
Il dort dans le soleil, la main sur sa poitrine
Tranquille. Il a deux trous rouges au côté droit.

PREMIÈRE SOIRÉE

– Elle était fort déshabillée
Et de grands arbres indiscrets
Aux vitres jetaient leur feuillée
Malinement, tout près, tout près.

Assise sur ma grande chaise,
Mi-nue, elle joignait les mains.
Sur le plancher frissonnaient d'aise
Ses petits pieds si fins, si fins.

– Je regardai, couleur de cire,
Un petit rayon buissonnier
Papillonner dans son sourire
Et sur son sein, – mouche au rosier.

– Je baisai ses fines chevilles.
Elle eut un doux rire brutal
Qui s'égrenait en claires trilles,
Un joli rire de cristal.

Les petits pieds sous la chemise
Se sauvèrent : « Veux-tu finir ! »
–La première audace permise,
Le rire feignait de punir !

–Pauvrets palpitants sous ma lèvre,
Je baisai doucement ses yeux :
–Elle jeta sa tête mièvre
En arrière : « Oh ! c'est encor mieux !...

Monsieur, j'ai deux mots à te dire...»
–Je lui jetai le reste au sein
Dans un baiser, qui la fit rire
D'un bon rire qui voulait bien...

–Elle était fort déshabillée
Et de grands arbres indiscrets
Aux vitres jetaient leur feuillée
Malinement, tout près, tout près.

L'ÉTOILE A PLEURÉ...

L'étoile a pleuré au cœur de tes oreilles,
L'infini roulé blanc de ta nuque à tes reins
La mer a perlé rousse à tes mammes vermeilles
Et l'Homme saigné noir à ton flanc souverain.

JEAN MORÉAS (1856-1910)

Jean Papadiamantopoulos, dit Jean Moréas, est issu d'une famille d'aristocrates grecs qui l'a élevé dans la culture française. Venu faire son droit à Paris, il rencontre les poètes d'avant-garde, fait un séjour en Allemagne et en Italie, retourne en Grèce et en déduit qu'il ne peut bien vivre qu'à Paris.
Grâce à sa fortune personnelle, il peut se consacrer à la poésie. Au nom du symbolisme, ce méditerranéen un peu tapageur déclare la guerre aux Parnassiens, et gagne la bataille dans une France fin de siècle.
Amoureux de la langue française, capable de parler comme Rutebeuf ou Rabelais devant ses admirateurs, ce passionné de rhétorique qui a de nombreux disciples écrit aussi des **Stances** *poignantes de mélancolie sur la difficulté de vieillir solitaire.*

LES ROSES QUE J'AIMAIS...

Les roses que j'aimais s'effeuillent chaque jour;
Toute saison n'est pas aux blondes pousses neuves;
Le zéphir a soufflé trop longtemps; c'est le tour
Du cruel Aquilon qui condense les fleuves.

Vous faut-il, Allégresse, enfler ainsi la voix,
Et ne savez-vous point que c'est grande folie,
Quand vous venez sans cause agacer sous mes doigts
Une corde vouée à la Mélancolie ?

NOCTURNE

Toc toc toc toc, il cloue à coups pressés
Toc, toc le menuisier des trépassés.

« Bon menuisier, bon menuisier,
Dans le sapin dans le noyer,
Taille un cercueil très grand, très lourd.
Pour que j'y couche mon amour. »

Toc toc toc toc, il cloue à coups pressés,
Toc toc, le menuisier des trépassés.

« Qu'il soit tendu de satin blanc
Comme ses dents, comme ses dents ;
Et mets aussi des rubans bleus
Comme ses yeux, comme ses yeux.»,

Toc toc, toc toc il cloue à coups pressés,
Toc toc, le menuisier des trépassés.

« Là-bas là-bas, près du ruisseau,
Sous les ormeaux, sous les ormeaux,
A l'heure où chante le coucou,
Un autre l'a baisée au cou. »

Toc toc, toc toc, il cloue à coups pressés,
Toc, toc, le menuisier des trépassés.

« Bon menuisier, bon menuisier,
Dans le sapin, dans le noyer,
Taille un cercueil très grand, très lourd.,
Pour que j'y couche mon amour. »

NEVER MORE

Le gaz pleure dans la brume
Le gaz pleure, tel un œil.
Ah ! prenons prenons le deuil
De tout cela que nous eûmes.

L'averse bat le bitume,
Telle la lame l'écueil.
Et l'on lève le cercueil
De tout cela que nous fûmes.

Oh ! n'allons pas pauvre sœur,
Comme un enfant qui s'entête
Dans l'horreur de la tempête

Rêver encor de douceur,
De douceur et de guirlandes
L'hiver fauche sur les landes.

NE DITES PAS...

Ne dites pas : la vie est un joyeux festin ;
Ou c'est d'un esprit sot ou c'est d'une âme basse.
Surtout ne dites point : elle est malheur sans fin ;
C'est d'un mauvais courage et qui trop tôt se lasse.

Riez comme au printemps s'agitent les rameaux,
Pleurez comme la bise ou le flot sur la grève,
Goûtez tous les plaisirs et souffrez tous les maux ;
Et dites : c'est beaucoup et c'est l'ombre d'un rêve.

ÉGLOGUE A FRANCINE

O Francine sage, cueille,
De tes doigts si bien appris,
La rose, moite en sa feuille,
Le lys qui n'a pas de prix.
Des chants et des verts pourpris
La fleurante nouveauté,
Las ! demain aura été.

N'es-tu pas fleurante pomme,
O Francine de renom,
Et tant frétillarde comme
Tourterelle en sa saison !
Bientôt tu n'auras foison
De plaisance, chef doré,
Ni visage coloré.

Or ainsi, belle Francine,
Faisant nargue à vos foleurs,
Senestre je vaticine
Toutes sortes de malheurs,
En me couronnant de fleurs,
Sifflant de pastoraux airs
Dans mes chalumeaux déserts.

ÉMILE VERHAEREN (1855-1916)

Né à Saint-Amand, dans les Flandres, dans une famille de drapiers, Émile Verhaeren, qui se destine au Barreau, restera marqué par l'éducation reçue au collège des Jésuites de Gand.
Il publie ses premières poésies, d'inspiration parnassienne, en 1883, fréquente les ateliers d'artistes de Bruxelles. Après un séjour à la Trappe, ne parvenant pas à surmonter une crise mystique, il songe au suicide. Une femme, qu'il épouse, lui rend le goût de vivre.
Installé dans une vieille maison, au cœur de la campagne du Hainaut, français de culture, flamand d'imagination, il traduit, imprégné d'un socialisme humanitaire à la Victor Hugo, ou à la Walt Whitman (poète new yorkais chantre de l'Amérique des pionniers) en grandes visions époques la révolution industrielle et les aspirations du prolétariat. Son œuvre est appréciée dans toute l'Europe. En 1916, alors qu'il est venu à Rouen pour y tenir une conférence, il est écrasé par un train.

PAUVRES VIEILLES CITÉS

Pauvres vieilles cités par les plaies perdues.
Dites de quel grand plan de gloire,
Vers la vie humble et dérisoire,
Toutes, vous voilà descendues.

Vous ne comprenez plus vos hauts beffrois en deuil,
Ni ce que disent aux nuées
Tant de pierres destituées
De leur ancien et bel orgueil.

Vos carrefours, vos grand'places et votre port,
Tout est muet et léthargique ;
Tout semble aller à pas logiques
Vers l'horizon où luit la mort.

Seule, quand le marché aligne au jour levé,
Sur le trottoir, ses éventaires,
Un peu de vie hebdomadaire
Se cabre aux joints de vos pavés.

Ou bien, quand la kermesse et ses cortèges d'or
Mènent leur ronde autour des rues,
L'émoi des foules accourues
Vous fait revivre une heure encor.

Vos mœurs sont pareilles à vos petits jardins;
Buissons corrects, calme verdures,
Mais une odeur de moisissure
Séjourne en leurs recoins malsains.

Vos gestes sont prudents, mesquins et routiniers,
Vous ne penchez sur vos négoces
Que des yeux mornes ou féroces,
Qui ne comptent que par deniers..

Vos cerveaux sans révolte et vos cœurs sans fierté
Se complaisent aux moindres choses,
Et de pauvres apothéoses
Font tressaillir vos vanités.

Vous ne produisez plus ni communiers ni gueux
Et vivez. à la dérobée
Des miettes d'ombre et d'or tombées
Du festin rouge des aïeux.

Pourtant, si triste et long que soit votre déclin,
Notre rêve ne veut pas croire
Que plus jamais la belle gloire
Ne bondira de vos tremplins

Vous vous armez encore de trop d'entêtement,
Damme, Courtrai, Ypres, Termonde,
Pour n'être plus au vent du monde
Que des tombeaux d'orgueil flamand

Et n'avoir plus aucun remords, aucun sursaut
En ces heures de somnolence
Où le visage du silence
Se mire seul dans vos canaux.

LE VENT

Sur la bruyère longue infiniment
Voici le vent cornant Novembre.
Sur la bruyère infiniment
Voici le vent
Qui se déchire et se démembre,
En souffles lourds battant les bourgs.
Voici le vent,
Le vent sauvage de Novembre.

Aux puits des fermes
Les seaux de fer et les poulies
Grincent.
Aux citernes des fermes
Les eaux et les poulies
Grincent et crient
Toute la mort dans leurs mélancolies.

Le vent rafle le long de l'eau
Les feuilles mortes des bouleaux,
Le vent sauvage de Novembre ;
Le vent mord dans les branches
Des nids d'oiseaux ;
Le vent râpe du fer
Et peigne au loin les avalanches,
Rageusement, le vent,
Le vent sauvage de Novembre.

Dans les étables lamentables
Les lucarnes rapiécées
Ballottent leurs loques falotes
De vitre et de papier.
– Le vent sauvage de Novembre ! –
Sur sa butte de gazon bistre
De bas en haut, à travers airs,

De haut en bas, à coups d'éclairs,
Le moulin noir fauche, sinistre,
Le moulin noir fauche le vent.
Le vent,
Le vent sauvage de Novembre.

Les vieux chaumes à cropetons
Autour de leurs clochers d'église
Sont soulevés sur leurs bâtons;
Les vieux chaumes et leurs auvents
Claquent au vent,
Au vent sauvage de Novembre.
Les croix du cimetière étroit,
Les bras des morts que sont ces croix,
Tombent comme un grand vol
Rabattu noir contre le sol.

Le vent sauvage de Novembre.
le vent,
L'avez-vous rencontré le vent
Au carrefour des trois cents routes,
Criant de froid, soufflant d'ahan;

L'avez-vous rencontré le vent,
Celui des peurs et des déroutes;
L'avez-vous vu cette nuit-là
Quand il jeta la lune à bas,
Et que n'en pouvant plus
Tous les villages vermoulus
Criaient comme des bêtes
Sous la tempête ?

Sur la bruyère infiniment,
Voici le vent hurlant,
Voici le vent cornant Novembre.

CHANSON DU FOU

Celui qui n'a rien dit
Est mort, le cœur muet,
Lorsque la nuit
Sonnait
Ses douze coups
Au cœur des minuits fous.

– Serrez-le vite en un linceul de paille,
Les poings noués, et qu'il s'en aille.

Celui qui n'a rien dit
M'a pris mon âme et mon esprit,
Il a sculpté mon crâne
En navet creux, où des chandelles
Font scintiller mes deux prunelles.

– Nouez-le donc, nouez le mort,
Rageusement, en son linceul de paille.

Celui qui n'a rien dit
Dormait, sous un rameau bénit,
Avec sa femme, en un grand lit,
Quand j'ai frappé comme une bête
Avec une pierre, contre sa tête.

Derrière le mur de son front
Battait mon cerveau noir :
Matin et soir, je l'entendais
Et le voyais qui m'invoquait
D'un rythme lourd comme un hoquet ;
Il se plaignait de tant souffrir
Et d'être là, hors de moi-même, et d'y pourrir
Comme les loques d'une viande
Pendue au clou, au fond d'un trou.

Celui qui n'a rien dit, même des yeux,
Qu'on lui coupe le cœur en deux,
Et qu'il s'en aille
En son linceul de paille.

Que sa femme qui le réclame
Et hurle après son âme,
Ainsi qu'une chienne la nuit,
Se taise ou bien s'en aille aussi
Comme servante ou bien vassale.
Moi je veux être
Le maître
D'une cervelle colossale.

– Nouez le mort en de la paille
Comme un paquet de ronces ;
Et qu'on piétine et qu'on travaille
La terre où il s'enfonce.

Je suis le fou des longues plaines
Infiniment, que bat le vent
A grands coups d'ailes,
Comme les peines éternelles ;
Le fou qui veut rester debout,
Avec sa tête jusqu'au bout
Des temps futurs, où Jésus-Christ
Viendra juger l'âme et l'esprit,
Comme il est dit.
Ainsi soit-il.

ALBERT SAMAIN (1858-1900)

D'origine modeste et de santé fragile, Albert Samain dut interrompre ses études et gagna sa vie comme petit bureaucrate. Héritier des Parnassiens, il obtint la célébrité dès son premier recueil, ***Au Jardin de l'Infante,*** *en 1893, acquérant un public, surtout féminin, qui lui resta fidèle après sa mort.*

FRÊLE COMME UN HARMONICA

Frêle comme un harmonica
L'eau pure des vasques soupire ;
La même étoile en feu se mire
Dans nos verres de vieux muscat.

Ton col superbe et délicat
De clorinde ou de lindamire
Sort tout entier, pur qu'on l'admire,
D'un brocart de pontificat.

Dans le soir de magnificence,
Les richesses de ta présence
Évoquent l'âge florentin ;

Et vers le ciel de turquoise
Monte des coupes du festin,
Suave, un songe de framboise.

MON ENFANCE CAPTIVE...

Mon enfance captive a vécu dans des pierres,
Dans la ville où sans fin, vomissant le charbon,
L'usine en feu dévore un peuple moribond :
Et pour voir des jardins je fermais les paupières...

J'ai grandi ; j'ai rêvé d'orient, de lumières,
De rivages de fleurs où l'air tiède sent bon,
De cités aux noms d'or, et, seigneur vagabond,
De pavés florentins où traîner des rapières.

Puis je pris en dégoût le carton du décor,
Et maintenant, j'entends en moi l'âme du Nord
Qui chante, et chaque jour j'aime d'un cœur plus fort

Ton air de sainte femme, ô ma terre de Flandre,
Ton peuple grave et droit, ennemi de l'esclandre,
Ta douceur de misère où le cœur se sent prendre,

Tes marais, tes près verts où rouissent les lins,
Tes bateaux, ton ciel gris où tournent les moulins,
Et cette veuve en noir avec ses orphelins...

IL EST D'ÉTRANGES SOIRS...

Il est d'étranges soirs où les fleurs ont une âme,
Où dans l'air énervé flotte du repentir
Où sur la vague lente et lourde d'un soupir
Le cœur le plus secret aux lèvres vient mourir.
Il est d'étranges soirs où les fleurs ont une âme,
Et ces soirs-là, je vais tendre comme une femme.

Il est de clairs matins, de roses se coiffant,
Où l'âme a des gaîtés d'eaux vives dans les roches,
Où le cœur est un ciel de Pâques plein de cloches,
Où la chair est sans tache et l'esprit sans reproches
Il est de clairs matins, de roses se coiffant.
Ces matins-là, je vais joyeux comme un enfant.

Il est de mornes jours où, las de se connaître,
Le cœur, vieux de mille ans, s'assied sur son butin,
Où le plus cher passé semble un décor déteint,
Où s'agite un vague et minable cabotin.
Il est de mornes jours las du poids de connaître,
Et, ces jours-là, je vais courbé comme un ancêtre.

Il est des nuits de doute, où l'angoisse vous tord,
Où l'âme, au bout de la spirale descendue,
Pâle et sur l'infini terrible suspendue,
Sent le vent de l'abîme et recule éperdue !
Il est des nuits de doute, où l'angoisse vous tord,
Et, ces nuits-là, je suis dans l'ombre comme un mort.

JULES LAFORGUE (1860-1887)

Prénommé Jules en l'honneur de César par un père employé de banque et admirateur de l'empereur romain, Laforgue, né à Montevideo, potache à Paris, est un élève si timide qu'il échoue trois fois au baccalauréat parce qu'il s'effondre à l'oral. Le jour où sa mère meurt en mettant au monde son douzième enfant, il perd la foi. Il mène une vie étriquée dans le milieu artiste en tentant de placer poèmes et dessins dans des revues, tout en fréquentant les bibliothèques pour y étudier sciences et philosophie.

Ce rêveur sentimental et délicat obtient, à vingt-et-un ans, le poste de lecteur auprès de l'impératrice d'Allemagne Augusta. La nécessité de gagner son poste l'empêche d'assister aux funérailles de son père. En 1884, il fait publier ***Les Complaintes,*** *et compose son* ***Imitation de Notre-Dame la lune.*** *Il est las de Berlin. Il a rencontré Leah Lee, une jeune Anglaise, et voudrait vivre en France avec elle.*

En 1886, il retrouve Paris, et la vache enragée de ses débuts. Il recommence à courir les rédactions. Début 1887, il se plaint d'un « rhume » : il s'agit d'une phtisie galopante, mal inguérissable à l'époque. Ses amis lui cachent la vérité, l'aident financièrement. Celui qui dissimulait une douce amertume sous un air perpétuellement moqueur s'éteint le 20 août, à vingt-sept ans.

Sa veuve, repartie en Angleterre, ne lui survit qu'un an, emportée, au même âge, par le même mal.

PETITES MISÈRES D'HIVER

Vers les libellules
D'un crêpe si blanc des baisers
Qui frémissent de se poser,
Venus de si loin, sur leurs bouts cicatrisés,
Ces seins, déjà fondants, ondulent
D'un air somnambule...

Et cet air enlise
Dans le défoncé des divans
Rembourrés d'eiders dissolvants
Le Cygne du Saint-Graal, qui rame en avant !
Mais plus pâle qu'une banquise
Qu'Avril dépayse...

Puis, ça vous réclame,
Avec des moues d'enfant goulu,
Du romanesque à l'absolu,
Milles Pôles plus loin que tout ce qu'on a lu !...
Laissez, laissez le Cygne, ô Femme !
Qu'il glisse, qu'il rame,

Oh ! que, d'une haleine,
Il monte, séchant vos crachats,
Au Saint-Graal des blancs pachas,
Et n'en revienne qu'avec un plan de rachat
Pour sa petite sœur humaine
Qui fait tant de peine...

Ô GÉRANIUMS DIAPHANES...

Ô géraniums diaphanes, guerroyeurs sortilèges,
Sacrilèges monomanes !
Emballages, dévergondages, douches ! Ô pressoirs
Des vendanges des grands soirs !
Layettes aux abois,
Thyrses au fond des bois !
Transfusions, représailles,
Relevailles, compresses et l'éternelle potion,
Angélus ! n'en pouvoir plus
De débâcles nuptiales ! de débâcles nuptiales !...

Et puis, ô mes amours
A moi, son tous les jours
Ô ma petite mienne, ô ma quotidienne,
Dans mon petit intérieur,
C'est-à-dire plus jamais ailleurs !

Ô ma petite quotidienne !...

COMPLAINTE DE L'OUBLI DES MORTS

Mesdames et Messieurs
Vous dont la mère est morte,
C'est le bon fossoyeux
Qui gratte à votre porte.

Les morts,
C'est sous terre ;
Ca n'en sort
Guère.

Vous fumez dans vos bocks,
Vous soldez quelque idylle,
Là-bas chante le coq,
Pauvres morts hors des villes !

Grand-papa se penchait,
Là, le doigt sur la tempe,
Sœur faisait du crochet,
Mère montait la lampe.

Les morts,
C'est discret,
Ca dort
Trop au frais.

Vous avez bien dîné,
Comment va votre affaire ?
Ah ! les petits mort-nés
Ne se dorlotent guère !

Notez, d'un trait égal,
Au livre de la caisse,
Entre deux frais de bal :
Entretien tombe et messe.

C'est gai,
Cette vie ;
Hein, ma mie,
Ô gué ?

Mesdames et Messieurs,
Vous dont la sœur est morte,
Ouvrez au fossoyeux
Qui claque à votre porte :

Si vous n'avez pitié,
Il viendra (sans rancune)
Vous tirer par les pieds,
Une nuit de grand'lune !

Importun
Vent qui rage !
Les défunts ?
Ça voyage...

L'HIVER QUI VIENT
(Extrait)

Blocus sentimental ! Messageries du Levant !...
Oh, tombée de la pluie ! Oh ! tombée de la nuit,
Oh le vent !...
La Toussaint, la Noël et la Nouvelle Année,
Oh, dans les bruines, toutes mes cheminées !...
D'usines...

On ne peut plus s'asseoir, tous les bancs sont mouillés ;
Crois-moi, c'est bien fini jusqu'à l'année prochaine,
Tant les bancs sont mouillés, tant les bois sont rouillés,
Et tant les cors ont fait ton-ton, ont fait ton-taine !...

Ah, nuées accourues des côtes de la Manche,
Vous nous avez gâté notre dernier dimanche.

Il bruine ;
Dans la forêt mouillée, les toiles d'araignées
Ploient sous les gouttes d'eau, et c'est leur ruine.

AQUARELLE EN CINQ MINUTES

OPHELIA : 'T is brief, my lord.
HAMLET : As woman's love.

Oh ! oh ! le temps se gâte,
L'orage n'est pas loin,
Voilà que l'on se hâte
De rentrer les foins...

L'abcès perce !
V'là l'averse !
Ô grabuges
Des déluges !...

Oh ! ces ribambelles
D'ombrelles !...

Oh ! cett' Nature
En déconfiture !...

Sur ma fenêtre,
Un fuchsia
A l'air paria
Se sent renaître...

LE BRAVE, BRAVE AUTOMNE !

Quand reviendra l'automne,
Cette saison si triste,
Je vais m'la passer bonne,
Au point de vue artiste.

Car le vent, je l'connais,
Il est de mes amis !
Depuis que je suis né
Il fait que j'en gémis...

Et je connais la neige,
Autant que ma chair même,
Son froment me protège
Contre les chairs que j'aime...
Et comme je comprends
Que l'automnal soleil
Ne m'a l'air si souffrant
Qu'à titre de conseil !...

Puis rien ne saurait faire
Que mon spleen ne chemine
Sous les spleens insulaires
Des petites pluies fines...

Ah ! l'automne est à moi,
Et moi je suis à lui,
Comme tout à « pourquoi ? »
Et ce monde à « et puis ? »

Quand reviendra l'automne,
Cette saison si triste,
Je vais m'la passer bonne,
Au point de vue artiste.

COMPLAINTE DES COMPLAINTES

Maintenant ! pourquoi ces complaintes ?
Gerbes d'ailleurs d'un défunt Moi
Où l'ivraie art mange la foi ?
Sot tabernacle où je m'éreinte
A cultiver des roses peintes ?
Pourtant ménage et sainte table !
Ah ! ces complaintes incurables,
Pourquoi ? pourquoi ?

Puis, Gens à qui les fugues vraies
Que crie, au fond, ma riche voix
- N'est-ce pas, qu'on les sent parfois ?
Attoucheraient sous leurs ivraies
Les violettes d'une Foi,
Vous passerez, imperméables
A mes complaintes incurables ?
Pourquoi ? pourquoi ?

Chut ! tout est bien, rien ne s'étonne.
Fleuris, à Terre d'occasion,
Vers les mirages des Sions !
Et nous, sous l'Art qui nous bâtonne,
Sisyphes par persuasion,
Flûtant des Christ les vaines fables,
Au cabestan de l'incurable
Pourquoi, Pourquoi ?

CHARLES VAN LERBERGUE (1861-1907)

Né à Gand le 21 octobre 1861, il y passe sa jeunesse. Tôt orphelin, il a, dans son collège, Maurice Maeterlinck pour condisciple. Il publie des drames et des recueils de poésie, voyage en Angleterre, en Allemagne, en Italie... A 46 ans, il meurt à Bruxelles d'une congestion cérébrale.

BARQUE D'OR

Dans une barque d'Orient
S'en revenaient trois jeunes filles :
Trois jeunes filles d'Orient
S'en revenaient en barque d'or.

Une qui était noire,
Et qui tenait le gouvernail,
Sur ses lèvres, aux roses essences,
Nous rapportait d'étranges histoires,
Dans le silence.

Une qui était brune,
Et qui tenait la voile en main,
Et dont les pieds étaient ailés,
Nous rapportait des gestes d'ange,
En son immobilité.

Mais une qui était blonde,
Qui dormait à l'avant,
Dont les cheveux tombaient dans l'onde
Comme du soleil levant,
Nous rapportait, sous ses paupières,
La lumière.

DE MON MYSTÉRIEUX VOYAGE...

De mon mystérieux voyage
Je ne t'ai gardé qu'une image,
Et qu'une chanson, les voici :
Je ne t'apporte pas de roses,
Car je n'ai pas touché aux choses,
Elles aiment à vivre aussi.

Mais pour toi, de mes yeux ardents,
J'ai regardé dans l'air et l'onde,
Dans le feu clair et dans le vent,
Dans toutes les splendeurs du monde,
Afin d'apprendre à mieux te voir
Dans toutes les ombres du soir.

Afin d'apprendre à mieux t'entendre
J'ai mis l'oreille à tous les sons,
Écouté toutes les chansons,
Tous les murmures, et la danse
De la clarté dans le silence.

Afin d'apprendre comme on touche
Ton sein qui frissonne ou ta bouche,
Comme en un rêve, j'ai posé
Sur l'eau qui brille, et la lumière,
Ma main légère, et mon baiser.

XXe SIÈCLE

PAUL-JEAN TOULET (1867-1920)

Il descendait de Charlotte Corday par sa mère, dont il fut orphelin dès sa naissance, et de riches créoles de l'île Maurice par son père. Paul-Jean Toulet, son baccalauréat en poche, s'embarqua pour l'île de ses ancêtres, où il resta trois ans, avant de venir s'installer à Paris, après un détour par Alger.
Figure du Boulevard, affichant des opinions monarchistes, chroniqueur à ***La Vie parisienne****, ami de Curnonsky, dont il partageait l'appartement, et de Toulouse-Lautrec, Toulet fut aussi l'un des « nègres » du romancier Willy, premier mari de Colette.*
Sa santé délabrée par l'alcool et l'opium, il se retira, en 1912, dans sa maison familiale en Gironde, épousa la fille d'un restaurateur et mourut à Guéthary en 1920 d'une hémorragie cérébrale sans voir l'édition de ses ***Contrerimes*** *qu'il venait d'achever.*

CES ROSES POUR MOI...

Ces roses pour moi destinées
Par le choix de sa main,
Aux premiers feux du lendemain,
Elles étaient fanées.

Avec les heures un à un,
Dans la vasque de cuivre,
Leur calice tinte et délivre
Une âme à leur parfum

Liée, entre tant, ô Ménesse,
Qu'à travers vos ébats,
J'écoute résonner tout bas
Le glas de ma jeunesse.

EN ARLES

Dans Arle, où sont les Aliscams,
Quand l'ombre est rouge, sous les roses,
Et clair le temps,

Prends garde à la douceur des choses.
Lorsque tu sens battre sans cause
Ton cœur trop lourd;

Et que se taisent les colombes :
Parle tout bas, si c'est d'amour,
Au bord des tombes.

LE SONNEUR SE SUSPEND...

Le sonneur se suspend, s'élance,
Perd pied contre le mur,
Et monte : on dirait un fruit mûr
Que la branche balance.

Une fille passe. Elle rit
De tout son frais visage;
L'hiver de ce noir paysage
A-t-il soudain fleuri ?

Je vois briller encor sa face,
Quand elle prend le coin.
L'Angélus et sa jupe, au loin,
L'un et l'autre, s'efface.

VOUS SOUVIENT-IL...

Vous souvient-il de l'auberge
Et combien j'y fus galant ?
Vous étiez en piqué blanc :
On eût dit la Sainte Vierge.

Un chemineau navarrais
Nous joua de la guitare.
Ah ! que j'aimais la Navarre,
Et l'amour, et le vin frais.

De l'auberge dans les Landes
Je rêve, – et voudrais revoir
L'hôtesse au sombre mouchoir,
Et la glycine en guirlandes.

TOI QU'EMPOURPRAIT...

Toi qu'empourprait l'âtre d'hiver
Comme une rouge nue
Où déjà te dessinait nue
L'arôme de ta chair ;

Ni vous, dont l'image ancienne
Captive encore mon cœur,
Île voilée, ombres en fleurs,
Nuit océanienne ;

Non plus ton parfum, violier
Sous la main qui t'arrose,
Ne valent la brûlante rose
Que midi fait plier.

UN JURANÇON 93...

Un Jurançon 93
Aux couleurs du maïs,
Et ma mie, et l'air du pays :
Que mon cœur était aise.

Ah, les vignes de Jurançon
Se sont-elles fanées,
Comme ont fait mes belles années,
Et mon bel échanson ?

Dessous les tonnelles fleuries
Ne reviendrez-vous point
A l'heure où Pau blanchit au loin
Par-delà les prairies ?

PUISQUE TES JOURS NE T'ONT LAISSÉ...

Puisque tes jours ne t'ont laissé
Qu'un peu de cendre dans la bouche,
Avant qu'on ne tende la couche
Où ton cœur dorme, enfin glacé,
Retourne, comme au temps passé,
Cueillir, près de la dune instable,
Le lys qu'y courbe un souffle amer,
– Et grave ces mots sur le sable :
Le rêve de l'homme est semblable
Aux illusions de la mer.

On rit, on se baise, on déjeune...
Le soir tombe : on n'est plus très jeune.

VOICI QUE J'AI TOUCHÉ...

Voici que j'ai touché les confins de mon âge.
Tandis que mes désirs sèchent sous le ciel nu,
Le temps passe et m'emporte à l'abyme inconnu,
Comme un grand fleuve noir, où s'engourdit la nage.

DORMEZ, AMI...

Dormez, ami ; demain votre âme
Prendra son vol plus haut.
Dormez, mais comme le gerfaut,
Ou la couverte flamme.

Tandis que dans le couchant roux
Passent les éphémères,
Dormez sous les feuilles amères.
Ma jeunesse avec vous.

PÂLE MATIN DE FÉVRIER...

Pâle matin de Février
Couleur de tourterelle
Viens, apaise notre querelle,
Je suis las de crier ;

Las d'avoir fait saigner pour elle
Plus d'un noir encrier...
Pâle matin de Février
Couleur de tourterelle

LA GUIRLANDE N'EST PLUS...

La guirlande n'est plus, ni le brun violier,
Qu'un arôme qui meurt au fond de ton armoire
A glace. Que ne puis-je aussi bien oublier
Un acide parfum qui perce ma mémoire.

IRIS, À SON BRILLANT MOUCHOIR...

Iris, à son brillant mouchoir,
De sept feux illumine
La molle averse qui chemine
Harmonieuse à choir.

Ah, sur les roses de l'été,
Sois la mouvante robe,
Molle averse, qui me dérobe
Leur aride beauté.

Et vous, dont le rire joyeux
M'a caché tant d'alarmes,
Puissé-je voir enfin des larmes
Monter jusqu'à vos yeux.

LE GARNO...

L'hiver bat la vitre et le toit,
Il fait bon dans la chambre,
A part cette sale odeur d'ambre
Et de plaisir. Mais toi,

Les roses naissent sur ta face
Quand tu ris près du feu...
Ce soir tu me diras adieu,
Ombre, que l'ombre efface.

NOCTURNE

Ô mer, toi que je sens frémir
A travers la nuit creuse,
Comme le sein d'une amoureuse
Qui ne peut pas dormir;

Le vent lourd frappe la falaise...
Quoi ! si le chant moqueur
D'une sirène est dans mon cœur –
Ô cœur, divin malaise.

Quoi, plus de larmes, ni d'avoir
Personne qui vous plaigne...
Tout bas, comme d'un flanc qui saigne,
Il s'est mis à pleuvoir.

DANS LE LIT...

Dans le lit vaste et dévasté
J'ouvre les yeux près d'elle;
Je l'effleure : un songe infidèle
L'embrasse à mon côté.

Une lueur tranchante et mince
Échancre mon plafond.
Très loin, sur le pavé profond,
J'entends un seau qui grince...

Toi qui fais rêver, ô brune
Si pâle, de clair de lune;
Des heures blanches et lentes
Où les colombes lamentent;

Le jour efface la lune,
Les blondes se rient des brunes.
Je t'ai onze jours aimée :
L'amour, n'est-ce pas fumée ?

DANS LE SILENCIEUX AUTOMNE...

Dans le silencieux automne
D'un jour mol et soyeux,
je t'écoute en fermant les yeux,
Voisine monotone.

Ces gammes de tes doigts hardis,
C'était déjà des gammes
Quand n'étaient pas encor des dames
Mes cousines, jadis ;

Et qu'aux toits noirs de la Rafette,
Où grince un fer changeant,
Les abeilles d'or et d'argent
Mettaient l'aurore en fête.

RÊVES D'ENFANT

Circé des bois et d'un rivage
Qu'il me semblait revoir,
Dont je me rappelle d'avoir
Bu l'ombre et le breuvage ;

Les tambours du Morne Maudit
Battant sous les étoiles
Et la flamme où pendaient nos toiles
D'un éternel midi ;

Rêves d'enfant, voix de la neige,
Et vous, murs où la nuit
Tournait avec mon jeune ennui...
Collège, noir manège.

Si vivre est un devoir, quand je l'aurai bâclé,
Que mon linceul au moins me serve de mystère.
Il faut savoir mourir, Faustine, et puis se taire :
Mourir comme Gilbert en avalant sa clé.

HENRY BATAILLE (1872-1922)

D'origine nîmoise, Henry Bataille, fils de magistrat, fait les Beaux-Arts de Paris et commence à peindre. Après son premier recueil poétique, La Chambre blanche *(1895), préfacé par Marcel Schwob, il se tourne vers la poésie, et le théâtre.*
Sur les 25 pièces qu'il a écrites, nombreuses sont celles qui feront son succès, au point de faire passer au second plan son œuvre poétique, pourtant importante

SOIRS

Il y a de grands soirs où les villages meurent
Après que les pigeons sont rentrés se coucher.
Ils meurent, doucement, avec le bruit de l'heure
Et le cri bleu des hirondelles au clocher...
Alors, pour les veiller, des lumières s'allument,
Vieilles petites lumières de bonnes sœurs,
Et des lanternes passent, là-bas dans la brume...
Au loin le chemin gris chemine avec douceur...
Les fleurs dans les jardins se sont pelotonnées,
Pour écouter mourir leur village d'antan,
Car elles savent que c'est là qu'elles sont nées...
Puis les lumières s'éteignent, cependant
Que les vieux murs habituels ont rendu l'âme,
Tout doux, tout bonnement, comme de vieilles femmes.

LES SOUVENIRS

Les souvenirs, ce sont des chambres sans serrures,
Des chambres vides où l'on n'ose plus entrer,
Parce que de vieux parents jadis y moururent.
On vit dans la maison où sont ces chambres closes.
On sait qu'elles sont là comme à leur habitude,
Et c'est la chambre bleue, et c'est la chambre rose...
La maison se remplit ainsi de solitude,
Et l'on y continue à vivre en souriant...
J'accueille quand il veut le souvenir qui passe,
Je lui dis : « Mets-toi là... Je reviendrai te voir... »
Je sais toute ma vie qu'il est bien à sa place,
Mais j'oublie quelquefois de revenir le voir,
Ils sont ainsi beaucoup dans la vieille demeure.
Ils se sont résignés à ce qu'on les oublie,
Et si je ne viens pas ce soir ni tout à l'heure.
Ne demandez pas à mon cœur plus qu'à la vie...
Je sais qu'ils dorment là, derrière les cloisons,
Je n'ai plus le besoin d'aller les reconnaître ;
De la route je vois leurs petites fenêtres,
Et ce sera jusqu'à ce que nous en mourions.
Pourtant je sens parfois, aux ombres quotidiennes,
Je ne sais quelle angoisse froide, quel frisson,
Et ne comprenant pas d'où ces douleurs proviennent,
Je passe...
Or, chaque fois, c'est un deuil qui se fait
Un trouble est en secret venu nous avertir
Qu'un souvenir est mort ou qu'il s'en est allé...
On ne distingue pas très bien quel souvenir,
Parce qu'on est si vieux, on ne se souvient guère...
Pourtant, je sens en moi se fermer des paupières.

ALFRED JARRY (1873-1907)

Né à Laval en 1873, Alfred Jarry, fils d'un marchand de toile, est un élève brillant. Monté à Paris pour achever ses études, il les abandonne pour se consacrer à la littérature. Esprit excentrique, doté d'un humour destructeur, il collabore à des revues littéraires, et s'enivre d'absinthe. dans les cafés littéraires, dilapidant l'héritage de ses parents.

*En 1896, c'est la première d'*Ubu Roi. *Bien que vivant misérablement, avec le seul secours de ses amis, il s'obstine à écrire une œuvre prolifique qui ne le nourrira jamais. Il meurt à 34 ans d'une méningite tuberculeuse.*

LA PEUR

Roses de feu, blanches d'effroi,
Les trois Filles sur le mur froid
Regardent luire les grimoires ;
Et les spectres de leurs mémoires
Sont évoqués sur les parquets,
Avec l'ombre de doigts marqués
Aux murs de leurs chemises blanches,
Et de griffes comme des branches.
Le poêle noir frémit et mord
Des dents de sa tête de mort
Le silence qui rampe autour.
Le poêle noir, comme une tour
Prêtant secours à trois guerrières
Ouvre ses yeux de meurtrières !

Roses de feu, blanches d'effroi,
En longues chemises de cygnes,
Les trois Filles, sur le mur froid
Regardant grimacer les signes
Ouvrent, les bras d'effroi liés,
Leurs yeux comme des boucliers.

AU REPAIRE DES GÉANTS

J'en ai vu trois, j'en ai vu six,
Des Géants monstrueux assis
Sur les talus et les glacis
Et sur les piédestaux de marbres,
Avec leurs gros bras raccourcis,
Et leurs barbes comme des arbres,
Et leurs cheveux flambant au vent
Sur l'immobile paravent
Des murailles monumentales.
J'ai vu six Géants dans leurs stalles.

Et sous leurs sourcils broussailleux,
J'ai vu - j'ai vu luire leurs yeux
D'or comme l'or de deux essieux
Tournant sous un char funéraire.
Ce sont six vaches qu'on va traire,
Rocs au lac de leur lait passant,
Les six Géants, pieds dans le sang,
Leurs doigts maigres, comme des torches,
Brassent le sang qui les éteint ;
De leur sang noir leur corps se teint,
Et leurs jambes comme des porches.
Et sur le cou du Roi Géant
Grimace un crâne de néant.
Pas de tête sur ses épaules.
Ses poings, branchus comme des saules,
Sont bénissants et triomphants,
Cierges clairs au repaire sombre.
Deux grandes ailes de Harfangs
Sur son cou cisaillent dans l'ombre.

Le Géant a planté son doigt
Dans un grand navire qui doit
Passer le lac de son empire.
Son doigt est le mât du navire.
Et des ours bruns courbent leur dos
Sous leurs fourrures pour fardeaux,
Courbent leur échine de flamme.
La tempête en fait une lame
De scie ou des murs à créneaux
Ou des follets sur des fourneaux.
Ils rament sur l'eau bouillonnante,
Rythmant la danse frissonnante
Des bruns frisons de leurs toisons
Aux coups de fouet des horizons.

La Princesse pâle à la proue,
Les yeux aux dos de ses rameurs,
Voit tournoyer comme une roue
Un grand oiseau dans les rumeurs
Et les tonnerres du repaire.
Le grand oiseau vert au long cou
Tord ses ailes fortes, espère
Voler contre l'ouragan fou.

Dans le repaire un oiseau rôde,
Un grand pélican d'émeraude,
Toujours avec des efforts neufs..
Les vents mouvants en font des nœuds.

Impassibles parmi, très lentes,
Reines des épouvantements,
Voici ramper aux murs dormants
De grandes monères sanglantes.

Le père Ubu : dessins de Jarry

INDEX

A

B

C

D

F

G

H

J

INDEX

L

M

N

P

R

S

T

V

Impression réalisée sur CAMERON par

BRODARD & TAUPIN

GROUPE CPI

La Flèche

pour le compte des Éditions de Lodi
en août 2001

Imprimé en France
Dépôt légal : août 2001
N° d'impression : 8479